ओशो

शिष्य की दास्तां : कविता की जुबां

—स्वामी अगेह भारती

संपादनः
मा क्रांति अपूर्वम्
मा बोधि सफ़ी
(डॉ. ज्योति अरोड़ा)

डायमंड बुक्स

ISBN : 81-288-2376-3

प्रकाशक	:	डायमंड पॉकेट बुक्स (प्रा.) लि. X-30, ओखला इंडस्ट्रियल एरिया, फेज-II नई दिल्ली-110020
फोन	:	011-41611861
फैक्स	:	011-41611866
ई-मेल	:	sales@dpb.in
वेबसाइट	:	www.dpb.in
संस्करण	:	2010
मुद्रक	:	आदर्श प्रिंटर्स, शाहदरा, दिल्ली - 32

OSHO -SHISHYA KI DASTAN : KAVITA KI JUBAN
by : Swami Ageh Bharti

समर्पण

परम सद्गुरु ओशो

के चरणों में

अपनी बात

तीस वर्ष की आयु में ही जिन्दगी ने क्या–क्या नहीं दिखा दिया ! प्रेम–घृणा; भूख–प्यास; मिलन–विरह; भांति–भांति की सीमाएं–विवशताएं; हताशा; निराशा; दर्द अपना, दर्द औरों का; समाज की विभिन्न रुग्णताएं, सड़ी–गली परंपराएं– मान्यताएं, गलत को सहन न करने का स्वभाव, गलत को सहने को मजबूर, भांति–भांति के अन्याय सहना और सहते हुए लोगों को देखना। स्वभावतः इन सबका परिणाम था, गहन पीड़ा और तनाव। जब पीड़ा बहुत अधिक हो गई तो हालत यह हो गई कि कोई भी क्षण अंतिम हो सकता है– हार्ट अटैक के रूप में या ब्रेन हैमरेज के रूप में या किसी अन्य रूप में, उस समय कविता मेरे भीतर से मार्च 1964 में एक सेफ्टी वाल्व की भांति फूटी। कविता ने पीड़ा और तनाव के घनत्व को कम किया और जीते रहने में मदद की।

किन्तु तब यह बिल्कुल नहीं मालूम था कि यह कविता केवल मेरी पीड़ा को बांटने और तनाव को 'रिलीज' करके मुझे जिलाते रहने भर का नहीं ; वरन् ओशो जैसे महान सद्‌गुरु के चरणों तक पहुंचाने व जीवन के अज्ञात शिखरों का बोध कराने आई है। हां, यह सब एक सौभाग्यपूर्ण प्रक्रिया के अंतर्गत ही हुआ।

ओशो से मिलना मेरे जीवन की परम धन्यता एवं उपलब्धि है। ओशो उन अर्थों में भगवान ही हैं जिन अर्थों में कृष्ण, बुद्ध और महावीर आदि हैं। यह निज के अनुभव से कह रहा हूं, किसी अंधविश्वास के कारण नहीं। अतः मेरी दृष्टि में कोई कविताएं लिखने को ही जीवन का साध्य अथवा लक्ष्य मान ले तो उस धन्यता से वंचित रह जाएगा जो कि परम है। कविता आत्म–निरीक्षण की आंख दे, आत्म–खोज का कारण बने, उसकी सार्थकता वस्तुतः इसमें है। कविता का सर्वोच्च पुरस्कार यही है। इसके समक्ष दुनिया के सारे पुरस्कार फीके हैं।

अस्तुः

मेरे लिए
कविता जिन्दगी को जीने की कोशिश
तो है ही,
वह अपने निज की खोज भी है,
कविता अपने दर्द से शुरू जरूर होती है
पर जगत के दर्द तक जा पहुंचती है,
और अंततः 'अनेक' में 'एक' को देख व पा लेने का माध्यम
बनती है।

सप्रणाम,

–स्वामी अगेह भारती
11.12.2007

ओशो–विला,
62, प्रभात बिहार,
पन्ना रोड,
सतना–485001(म.प्र.)
मो.– 09827278915

सम्पादक की ओर से

सम्पादकीय लिखने के योग्य मैं स्वयं को नहीं समझती। किन्तु स्वामी अगेह भारती जी के अनुरोध को ठुकरा भी नहीं पाती।

असल में संपादन किया भी नहीं है, कुछ क्षणिकाएं और चार–छह कविताओं को छोड़ा है ; और कुछेक जिन्हें अगेह जी छोड़ देने को कह रहे थे, उन्हें मैं नहीं छोड़ सकी। बाकी तो सब सिर्फ कॉपी (सुलेख) किया है। किन्तु उसे सिर्फ कॉपी करना भी नहीं कह सकते हैं, क्योंकि लिखने के साथ–साथ अनायास ही मैंने उन पलों को जीया भी है। कविताओं के भीतर धड़कती संवेदनाओं को महसूस किया है और इस जीने, महसूस करने में मेरे भीतर बहुत रूपातंरण हुआ है। समझ बढ़ी, संवेदनाशीलता बढ़ी। आशा करती हूं जैसे मैंने इन कविताओं में कुछ पाया, अन्य पाठक भी कुछ पाएंगे।

धन्यवाद्

– मा क्रांति अपूर्वम्

दो शब्द संपादक के

स्वामी अगेह भारती द्वारा विभिन्न मनःस्थितियों में लिखी गई रचनाएं संपादित करते–करते मैंने भी उनके साथ एक यात्रा पूरी कर ली। जीवन के दुःखों और विपरीत परिस्थितियों से मैं हमेशा घबराती थी। लेकिन जब इस पुस्तक पर काम चल रहा था तो आशा की किरण मेरे भीतर स्फुटित हुई कि दुःखों और पीड़ाओं के भी अपने अर्थ हैं और अगर उन्हें ईमानदारी से जिया जाए तो गंतव्य तक ले जाते हैं जैसे अगेह जी को ओशो मिले।

वे समाज की यथास्थिति के प्रति विद्रोह से भरे हैं और ऐसा प्रतीत होता है कि कविता के अलावा भी बहुत कुछ करना चाहते हैं। वे हमारे भीतर दबे विद्रोह को भी उभारते हैं ताकि एक स्वस्थ, सुंदर समाज का निर्माण हो। कवि दूसरों के दुःखों के प्रति भी अति संवेदनशील है। यह कविताएं अपने भीतर उन सब संवेदनाओं को लिए हुए हैं जो कि एक मनुष्य में हो सकती हैं। पाठक स्वयं को इन रचनाओं में कहीं न कहीं जरूर पाएंगे।

मा बोधि सफी
(डॉ. ज्योति अरोरा)
प्रदर्शक
फिजियोलाजी विभाग, मेडिकल कालेज
जबलपुर (म.प्र.)

शब्दार्चन

भक्तिमती मीरा ने "अंसुअन जल सींचि–सींचि प्रेम बेलि बोई" बेल फैली, फली, आनंद फल की प्राप्ति हुई तो सहज स्वर फूटे– "मैं तो गिरिधर के रंग रांची।"

प्रेम, पीड़ा, करुणा और समर्पण की यह पृष्ठभूमि कितनी व्याकुलित, प्रश्नाकुलित रही होगी ? समाधान दिया कवि स्वामी अगेह भारती की काव्यकृति "ओशो–रस भींज्यों" और "ओशो शिष्य की दास्तां : कविता की जुबां " ने।

महर्षि वाल्मीकि से स्वामी अगेह भारती तक, वह कविता ही रही है जिसने " द्वारहीन द्वार " का यात्रा बोध दिया है। अगेह जी का कथन है– " ओशो मेरे लिए वही हैं जो राधा के लिए कृष्ण, आनंद के लिए बुद्ध या हनुमान के लिए राम है। "

••

युग कोई भी हो, जो ' कुछ ' तोड़ने, छोड़ने और ' मोड़ने' की सामर्थ्य से युक्त होते हैं, वे ही अपने को विसर्जित कर, अपने प्रिय प्रियतम से अपने को 'जोड़' पाते हैं, यह जुड़ाव भी कैसा– " जित देखूं तित लाल "। दहाई इकाई में विलीन हो जाती है।

••

हृदय–सिन्धु में भावों का ज्वार उठता है। अभिव्यक्ति की आतुरता, दर्शन की आकुलता और मन की आसक्ति जब प्रेम और भक्ति की पावनता में रूपातंरित हो जाती है, तब दर्शन होते हैं एक निर्मल दिव्य रूप ज्योति के, जीवन बांसुरी हो जाता है।

••

कविताओं को बांचने से पहले कवि को भी बांच लें–

स्मरण आता है सन् 1965–66 का कालखंड, जबलपुर नगर के साहित्यिक परिवेश में एक संज्ञा उभरी – शिव प्रताप सिंह।

रचनात्मक ऊर्जा संपन्न व्यक्तित्व। मौन भी, मुखर भी। लगता कि आक्रोश के लावे पर संयम की 'परैया' बांध दी गई है। देश की छोटी बड़ी पत्रिकाओं में, पत्रों के पृष्ठों पर उसकी कविताएं यों जगमगाने लगी जैसे–मंदाकिनी के जल पटल पर दीप पंक्ति।

ओशो के पारस–सान्निध्य से शिवप्रताप सिंह का रूपातंरण हुआ और हमने पाया कवि लेखक विचारक स्वामी अगेह भारती को।

कवि अगेह ने जो जीवन पाया, उसे जिया, पिया, जाना और समझा। विचार की आंख में उसे अनुभव के 'अवे' में पकाकर जीवन की भाषा के हवाले कर दिया। कवि इस अर्थ में 'अगेह ' है कि वह 'गेह' की सीमा में नहीं, 'सर्व' में है और जिसकी व्याप्ति 'स्व' को लांघकर 'सर्व' तक हो जाती है, उसकी संवेदना के 'क्वथनांक' की माप तौल कौन कर सकता है।

● ●

कवि संन्यासी हैं। कैसे संन्यासी ? मूंड़ मुड़ाय भए नहीं संन्यासी हैं वे। वे तो सजग हैं, उत्तरदायी हैं और समर्पित हैं। यानी वे जीवन की और जीवन उनकी भाषा समझता है।

संकलन में ओशो मिलन के पूर्व, पश्चात की कविताएं हैं। मिलन के पूर्व कवि समझता है कि – "अंधकार अमर है" – उसे "दिन के उजाले में रात के अंधेरे" का अहसास होता है। उसे "एकांत" "वफादार" लगता है। छटपटाहट ' आश्वासन' के रूप में उभरती है" लौटूंगा अभी, तुम्हारे लिए जो शेष हो।" उसके मन में "दीवारों से घिरा रहकर भी अरक्षित" होने की आशंका सिर उठाती है।

यथार्थ या सत्य से साक्षात् कवि की कल्पना को ध्वस्त करता चलता है–" क्या हम मिट्‌टी बना सकते हैं ? प्रश्न शूल बन जाते हैं। फिर भी चाह तो चाह है –

" अंगड़ाती नदियां / बाहों में भर लेने की चाह उमगती है।"

कल्पना के कुहासे और ध्वंस क्रे गर्द गुबार के बीच कवि गुनगुनाता है, गीत गाता है –

" जी लेने दो, अब तो क्षण भर
गीतों पर भी जीत न मांगो
मुझसे मेरे गीत न मांगो।"

• •

आखिर क्यों है यह अनुरोध–

लोग समझते हैं कुछ पागल
कुछ कहते हैं उमड़ा बादल
पर इनमें से एक नहीं हूं
इसको कौन मान सकता है।
मुझको कौन जान सकता है।

शायद यही आकुलता कविं को ले गई ओशो के द्वार, उनके निकट। और तब उसकी 'दृष्टि' भी बदली औंर 'दिशा' भी।

• •

ऐसा नहीं है कि ओशो–मिलन से कवि भजनानंदी हो गया हो। इतना अवश्य हुआ कि उसकी करुणा ने समष्टि की पीड़ा को भजन की पवित्रता निःसंगता से गाया।

• •

दास्तां का निष्कर्ष यह है, कवि के शब्दों में –

तुमने मुझे
एक ऐसे रस से भर दिया है
कि राह चलते लोग भी
मेरी ओर मुहब्बत से देखते हैं
और अनेक लोग तो
आकर मेरा हाथ चूम जाते हैं।

• •

"कुछ लोग होते हैं
जिनके पास होकर/जीवन अर्थ पाता है
जिनके बगैर अर्थ खो जाता है
ऐसे ही मेरे लिये तुम हो।"

● ●

कवि स्वामी अगेह भारती दुःख पर स्वामित्व पाकर आनंद को उपलब्ध हो गए हैं। इनकी ओशो संदर्भित अनेक पुस्तकें प्रकाशित प्रशंसित हो चुकी हैं। यह काव्यकृति भी विशिष्ट है।

हां, इन कविताओं को आंखों से नहीं, प्रेम और करुणा से पढ़ने वाले " दृष्टिवान " हो सकते हैं।

अशेष मंगलभाव सहित –

सुमित्र
मार्च 2007

डॉ. राज कुमार "सुमित्र"
पूर्व संपादक दैनिक नवीन दुनिया
जबलपुर।
सम्प्रति : सम्पादक 'जय लोक'
112 सराफा, जबलपुर।
फोनः 2652027

दीवाली पर

सोचता हूं –
आज देहली पर
दीये जलाकर
जग को धोखा दे लूं,
पर तुम्हें कैसे दूं?
तुमं ....
जो कि जानती हो मेरा भीतर...
जहां अंधकार अमर है।

***

बसन्त गीत

खेतों में फूले हैं सरसों के फूल।
जिस क्षण की आस में बीते कई मास
आज वही आ पहुंचा मेरे अति पास
कौन जाने, जानकर अथवा पथ भूल
खेतों में फूले हैं सरसों के फूल ।
आमों में बौर लगे, लचक गईं डाल
कोयल ने गीत पढ़ा सप्त–स्वर निहाल
कौन जाने, कब तक को समय अनुकूल
खेतों में फूले हैं सरसों के फूल।
भिन्न–भिन्न गंधों में वायु गया डूब
चूम रहा कली–कली, चली गई ऊब
आज मिला गीतों को बासन्ती कूल
खेतों में फूले हैं सरसों के फूल।

***

पराजित व्यक्तित्व

मेरी अभिव्यक्ति
स्वभावतः स्वच्छन्द
ठीक पक्षी की तरह
बंद हो गई पिंजड़े में,
अनुभूतियों के स्वर
रह गए फड़फड़ाकर पंख से,
और मेरा व्यक्तित्व
तीखे चोंच–सा ही थक गया,
मुक्ति का सारा प्रयास
पराजित हो गया ।

***

एक निर्बल आश्वासन

पानी कुंए में बंद है।
पहुंचते ही घड़े के,
दौड़ता–छटपटाता है,
घड़ा बड़बड़ाता है –
रुको – रुको
दौड़ो नहीं सभी
मैं नहीं कोई बहुत बड़ा
जो उबार लूं सबको,
सीमा है मेरी भी,
फिर भी धैर्य रखो,
लौटूंगा अभी,
तुम्हारे लिए जो शेष हो।

***

क्या होगा?

मैं एक टीले पर खड़ा
देख रहा हूं – स्वार्थपरता
पढ़े – बेपढ़े
छोटे – बड़े
सब की संकीर्णता ।
मैं खामोश हूं
उनकी संख्या अधिक है
मेरे पीछे भी कोई नहीं,
डरता हूं
छोटे से परिवार का ख्याल करता हूं।
मैं चिन्तित हूं – अंधेरा बढ़ रहा है,
उजाला न हुआ तो राहें गुम होंगी
लोग भटकेंगे, आपस में अटकेंगे
हाथ – पैर टूटेंगे
खोपड़े फूटेंगे – इतने कि
चिकित्सक न मिलेंगे,
और फिर क्या होगा?
क्या होगा??

***

सफलता की असफलता

जीवन की गत्यात्मकता
रुक गई, मनचाहा मिल गया
संघर्ष, कार्यरतता ......
.... सब चूक गये,
मैं मर गया
जो चाहता था
वही पाकर ....।

***

एकान्त

कितना वफादार मेरा वह यार
जिसने तोड़ा नहीं कभी
क्षण भर को तार
साथ रहने का
ऊबा भी नहीं, रहकर
पास लगातार
मानव–सा
मेरा वह यार।
पूछा हमेशा
मेरा दुख, मेरा सुख,
मेरी इच्छाएं, सफलताएं–असफलताएं,
और पुचकारा अन्यतम–सा
जब देखा अवाक्....
मेरा वह यार
मेरा 'एकांत'
कितना वफादार!

***

प्रकृति

प्यार घृणा में बदलता है
घृणा प्यार में,
शत्रु मित्र में बदलते हैं
मित्र शत्रु में,
रात दिन में बदलती है
दिन रात में,
पर जाने कहां सो जाती है प्रकृति
अंगारे कभी फूल नहीं बनते!

***

होली : एक भय

हे भगवान !
हमें डर है
लोग भूल न जाएं तुझे कहीं
रूठ न जाएं नियमों से तेरे,
विवश न हो जाएं रोने को –
होली के महापर्व पर।
क्योंकि आज
प्रह्लाद जलने लगा है
होलिका हंसने लगी है।

***

होली (व्यंग्य)

तुम खेलो
रंग और गुलाल
मनाओ रंगरलियां,
हमारी मत सुनो
अगर भूखे हैं पेट,
मांग रहे रोटियां,
हमारी तुमसे क्या समानता?
तुम्हारे चार हाथ हैं
चार पैर हैं ?
हमारे दो हाथ हैं
दो पैर हैं !!

***

आंसू

मेरी बूढ़ी मां को
हमेशा ही शिकायत रही कि
जब से मैंने होश संभाला
कभी होली को रंग नहीं उछाला,
दीवाली को दीये नहीं जलाए,
आखिर मैं जवान हूं न?
मेरे ही लिए तो बने हैं त्यौहार?
मैं मातृ–भक्त हूं।
उसकी भावनाओं का आदर करता हूं
चाहता हूं कि पूरी कर दूं उसकी साध,
इससे पहले कि वह मरे
दिखा दूं बेटे को मनाते हुए त्यौहार।
मगर आह!
हर बार जब निश्चित समय आया
मैंने खुद को एक अंधेरे में बंद पाया
कहीं अभावों से होली खेली जाती है?
आंसुओं से दीये जलते हैं?

***

एक स्थिति

मैं मसहरी में बंद हूं,
सिर पर नीम की छाया है,
मगर फिर भी –
पिघल रही चांदनी
नीम के पत्तों को चीरती
मसहरी के छिद्रों को पार करती
लगातार मुझे छू रही है, और
मैं एक अजीब सिहरन महसूस कर रहा हूं।

***

अंधकार

आज
दिन के उजाले में
रात का अंधेरा देख रहा हूं,
शायद मानसिक संतुलन खो रहा हूं,
मेरा लम्बा परिवार है
मां–बाप–भाई
पत्नी – बच्चे
सभी मेरे सहारे ...,
मैं स्वस्थ होना चाहता हूं
पर क्या करूं?
कहां जाऊं?
यम से दिख रहे हैं
चिकित्सक बेचारे!

***

एक सोच

दीवारों से घिरा रहकर भी
कितना असुरक्षित हूं मैं,
ये टूटी–गिरी छत!
ये कांच फूटी खिड़कियां !
ये थके–सोये द्वार !
जीभ लपलपाती लू
बार – बार
मुझे छूती ही चली जाती है !!
हाय रे मेरे देश की स्थिति !!

***

अंततः

ऐसे ही चलते–फिरते
एक दिन हम थक जाएंगे,
यह हिलता–डुलता भला–चंगा शरीर
व इसके भीतर दौड़ता
लाल गर्म रक्त सहसा सब थम जाएंगे,
कोई भी अन्यतम
जिसे इस पर गर्व था
जो इसके बगैर रह नहीं सकता था
जलाकर राख कर देगा इसको,
चार दिन में भुला देगा विश्व
नश्वर अस्तित्व को,
किन्तु फिर भी कुछ रह जाएगा शेष
शताब्दियों – –
सहस्त्र शताब्दियों ...
एक भला काम!

***

विडम्बना

हम
प्रगति के दावेदार
मिट्टी के मनोहर घर बनाते हैं,
उस पर आकर्षक चित्रकारियां करते हैं
और स्वयं को सृष्टा मान लेते हैं,
ख्याल भी नहीं आता कि
मिट्टी किसने बनाई?
और कि
क्या हम मिट्टी बना सकते हैं ??

***

चाह

श्रावण के रस में
लसी—भीगी फुहार,
वय के मद में
नहायी—निखरी बदलियां,
हरे—भरे सिन्धु में
अंगड़ाती नदियां,
चाहता हूं सबको ही
बांहों में भर लूं....,
वर्ना ये भी छुप जाएंगे
बीते हुए कल की तरह
जिसकी स्मृतियां तक आज
'पकड़ में नहीं आतीं !

***

पूर्वाभास

मैं कुहासे से आवृत्त हूं—
पर निराश नहीं,
मुझे तुम्हारे आने का आभास
मिल रहा है,
सुदूर ......
पहाड़ियों के झुरमुट में
सिन्दूरी प्रात खड़ी है
(तुम्हारे) स्वागतार्थ,
अभी—अभी आओगे तुम
किरणों की धार से कुहरे को चीरते,
रोंए—रोंए में हमारे, ऊष्मा भर
एक ठिठुरन—विहीन जिन्दगी देते,
मैं आश्वस्त हूं।

***

गीत

मुझसे मेरे गीत न मांगो ।
अरूणिम बेला बीत चुकी है
दोपहरी भी रीत चुकी है,
बची–खुची संध्या भी लो, पर –
कजरारी निशि मीत न मांगो ।
मुझसे मेरे गीत न मांगो ।।
मेरी वाणी में पीड़ा है
पीड़ा जीवन की वीणा है
पाया है जो सब कुछ खोकर –
वह ही मुझसे टीस न मांगो ।
मुझसे मेरे गीत न मांगो ।।
मैं जीवन में हार चुका हूं
गीतों के संग रास रचा हूं
जी लेने दो अब तो क्षण भर –
गीतों पर भी जीत न मांगो ।
मुझसे मेरे गीत न मांगो ।।

***

गीत

मुझको कौन जान सकता है!
लोग समझते हैं कुछ पागल
कुछ कहते हैं उमड़ा बादल।
पर इनमें से एक नहीं हूं
इसको कौन मान सकता है!
मुझको कौन जान सकता है!
कुछ हैं बड़े दर्द से कहते
मित्र, भला यों गुम क्यों रहते?

मैं चुप, कैसे व्यथा बताऊं
उसको कौन टाल सकता है!
मुझको कौन जान सकता है!
आंखों देख स्वयं मैं विस्मित
रह–रह प्रतिपल होता कंपित
मुख से मेरे केवल सुनकर
उंसको कौन मान सकता है!
मुझको कौन जान सकता है!

***

गीत

आज रूदन पर भी पहरा है।
कल सूने में रो लेता था
अपने से कुछ कह लेता था,
आज भीड़ से घिरा हुआ मैं
साथी, कितना दुख गहरा है।
आज रूदन पर भी पहरा है।
लोग पूछते मुझसे प्रतिपल
क्या रहते हो धुनते अविरल?
मैं कंपित कैसे समझाऊं
मौन हमारा क्यों बहरा है!
आज रूदन पर भी पहरा है।
मेरा नाता जग से जब था
कौन पूछता मुझसे तब था
आज अकेले जीने बैठा – तो
जाने जग क्यों ठहरा है।
आज रूदन पर भी पहरा है।

***

दिवंगत जवानों के नाम

वो हमारी सुरक्षा के लिए
बलि चढ़ने वाले वीरो,
याद है तुमको, कल जब
हमारी तुम्हारी होड़ लगी थी?
तुम, एक के बाद एक हंसते–हंसते
प्राण दे रहे थे, और हम
तुम्हारी मदद के लिए
तन–मन–धन एक कर रहे थे,
मगर अब भूल जाओ उस सब को,
क्योंकि तुम्हारी कुर्बानियाँ भले अमर हों,
हमारी प्रतिज्ञाएं संकट टलने के साथ
जहर खा चुकी हैं,
हम फिर वही हो चुके हैं
जो थे : लूट–पाट, झूठ–फरेब
व घूंस–मुनाफे के सौदागर!

***

एक स्थिति

मेरे भीतर
एक समूचा संसार जल रहा है,
विषैला धुआं
नस–नस में समा रहा है–
समाता ही जा रहा है,
ऊपर आकाश गहरा
और गहरा होता जा रहा है
मेरे अस्तित्व का हर कण
एक विस्फोट की स्थिति में है।

***

भावांजलि : 1965 के शहीदों को

ओ भारत के सपूतो।
तुमने देश की बलि–वेदी पर प्राण देकर
हमें एक नई जिन्दगी दी है,
1962 की कालिख धोकर
तुमने हमारे माथे पर चंदन टीक दिया है
तुम वह कर गए हो जिसके लिए
हर देश का इतिहास तरसता है
तुम हमारे बीच रह नहीं गए हो
लेकिन
हमारी हर ऊँचाई व हर गहराई में
हमें तुम्हारा चित्र दिखता है
और वह हमें
कितना जीवित रखता है!
.... कितना जीवित रखता है !!

***

स्थिति बोध

मैं एक टीले पर था
और धरती के तमाम लोग
मुझे बौने नजर आ रहे थे।
कि सहसा हवा के एक झोंके ने
मुझे नीचे फेंक दिया
और मैंने पाया, कि
मैं सबसे छोटा था।

***

??

मैंने कहा एक साथी से
भ्रष्टाचार चरम सीमा पर है।
आविर्भाव निकट है
एक बड़ी क्रांति का
मेरा साथी
सिर्फ 'हाँ' नहीं करता,
कथ्य की गहराई को
गहराई से महसूसता है
तभी तो कहता है दूसरे से
वही बात दूसरे को सच्चाई दिखी
अपने ही पास वह कहता है तीसरे से
(वही बात)
इसी तरह तीसरा–चौथे से
चौथा पांचवे से
और अब?
पूरे 55 करोड़ में एक वही बात
कि क्रांति होगी, और
मैं बैठा हूं चुपचाप
क्या होगी? किधर होगी?
पूरे 55 करोड़ आदमी
क्रांति की मनोदशा में हैं
और ये उसे अवश्यम्भावी
भी समझते हैं,
लेकिन मैं हैरान हूं और मुझे लगता है
ये 55 करोड़ लोग ही
अवश्यम्भावी को भी
बना देंगे असंभव,
क्योंकि उनमें से प्रत्येक सोचता है
कि 'लोग' क्रांति लाएंगे
और प्रत्येक उसके आने की
प्रतीक्षा में (सिर्फ बैठा) है।

***

एक पत्र

तुम जानती थीं कि गीत लिखना
मेरे लिए शौक या नशा नहीं
एक मजबूरी है
मगर पत्रों का लिखना
केवल शौक था– इसे रोका जा सकता था,
नहीं मालूम इसे क्यों कमजोर बना दिया तुमने?
वैसे पत्रों का लिखना बुरी बात नहीं
पर बुरा होता है उनमें उद्‌गारों का निकलना
क्योंकि फिर, बहुत–बहुत दुखदायी होता है
उनका अर्से तक न आना
खासकर कभी जब वे जीने का ढंग बन गए होते हैं
इसीलिए पहले इससे कि
ये भी एक मजबूरी बने –
इसे जीत लेना चाहता हूं,
कहां तक संभव हो भला
एक आदमी को तमाम– तमाम मजबूरियों को
एक साथ जीना!

***

अपेक्षा

एक आग में झुलसा हुआ
मैं जख्मों को सहलाने को होता हूं
कि दूसरी और तीसरी लपटें आ चिपकती हैं
भूख की लपटें
वैयक्तिक लपटें . . सिर्फ लपटें हैं मेरे निकट . .
मेरी खाल तक लटक गई है,
मगर कितना अजीब है कि
मेरी मौत नहीं आती,
शायद समय को कुछ अपेक्षा है मुझसे।

***

अकेलापन

जिन्दगी की कड़ुआहटें
उड़ जाती हैं
एक सिगरेट के धुएं के साथ,
तमाम–तमाम निराशाएं
चाय के प्यालों में डूब मरती हैं,
और कुछ भारी क्षण
जो साथ बने रहने का किया करते
प्रण ....
जाने क्यों छूट जाते हैं
किसी रंजीदे गीत के साथ ...... !
कोई फिर अकेला रह जाता है
.... नितान्त अकेला !!

***

शुभचिन्तकों के नाम

ओ मेरे परिचितो–शुभचिन्तको!
मेरी असफलताओं पर बुदबुदाओ मत–
प्यार से भी नहीं,
क्योंकि तुम्हारा यों बुदबुदाना
मेरे मन के टांके उधेड़ देता है,
तुम्हारा मेरे लिए चिन्तित होना
मुझे फिर से उन किनारों की ओर मोड़ देता है
जिन्हें हत्या और आत्महत्या कहा जाता है
जिनसे बचने के लिए मुझे वेगवान बहावों से संघर्ष करना पड़ा है,
और चूंकि यही मेरी परम सफलता रही है
इसको असफलता में बदलो मत,
हाँ, मेरी असफलताओं पर दुखी मत हो
ओ मेरे दोस्तो!

***

शोक–सभा

मेरे पड़ोस के एक युवक ने
जब भुखमरी से तंग आकर
पत्नी व एकमात्र बच्ची के साथ
अपनी हत्या की
तो मुहल्ले में एक सभा हुई,
सभा में दो मिनट का मौन धरा गया
फिर बड़े–बड़े लोगों के बड़े–बड़े लैक्चर हुए
घटना को शर्मनाक बताया गया
और उसकी जिम्मेदारी पूरे समाज पर थोपी गई
साथ ही, इस दिशा में महत्त्वपूर्ण
कदम उठाए जाने की घोषणाएं हुईं,
तत्पश्चात्
अमूल्य समय देकर
मंच पर पधारे चंद लोगों को
चाय बांटी गई
उन्होंने चाय पीते–पीते ठहाके लगाए
और सभा विसर्जित होते–होते सुना गया कि
"युवक बड़ा मूर्ख था,
उसे जिन्दगी में संघर्ष करना न आया"
.... बाद में मालूम हुआ
वे हमारे सभाध्यक्ष थे!

***

मनुष्य होने का अभिशाप

मुझे अफसोस है कि
मैं मानव हूं।
इस सृष्टि में होना था
मुझको एक गधा–
जो साल में आग लगी देखकर भी
ढेंचू–ढेंचू बन्द नहीं करता–
(ताकि मुझे अनुशासनप्रिय समझा जाता)
मुझे अफसोस है कि
मेरे माथे पर आंखें हैं
जिनसे मैं देख सकता हूं
मंदिरों में होते हुए औरतों का व्यापार,
न्याय केन्द्रों में होते हुए न्याय को नीलाम,
सदाचार–मण्डलों में पनपती हुई भ्रष्टाचार की जड़ें,
और यह सब देखकर
मेरे भीतर की जानदार नसें
चमड़े को चीरकर बाहर निकलने लगती हैं,
शरीर के रोंए एक अदृश्य आग में झुलसने लगते हैं, और
मेरा समूचा अस्तित्व
एक जलते हुये छप्पर की तरह
हो जाता है:
मुझे अफसोस है कि – "मैं मानव हूं!"

***

बन्दी मित्र के प्रति

एक दिन जब
बंदियों के गिरोहों को
हथकड़ियाँ खनखनाते,
बेड़ियों का डंका पीटते
बन्दीगृह से न्यायालय
जाते देखा–
मैं सोचने लगा
जरूर इन मूर्खों ने कुछ तो ऐसा किया होगा
जिसे समाज या कानून अपराध कहता है
तभी तो राह चलता हर इंसान
इनको एक अजीब हिकारत भरी निगाह से देखता है
लेकिन, आज मैंने सड़क पर
हथकड़ियों व बेड़ियों का बोझा ढोते
पुलिस के पहरे में जाते तुमको जब देखा
मुझे महसूस हुआ कि
इन बंदियों में भी अनेक हैं
जो हम सड़क पर चलने वालों और
बन्दी बनाने वाले उन बड़ों से भी बड़े,
ईमानदार देशभक्त व नेकदिल हैं,
मेरा विश्वास डिगा नहीं
तुम्हें यों देखकर मेरे दोस्त!
मुझे मालूम है, तुम मानवता के प्रतीक हो
और कि मतलबपरस्त कुछ दानवों ने ही मिलकर
गढ़ा होगा कोई षड्यंत्र।
जब तुमने सच बोला होगा
अथवा सही बात के लिए हठ किया होगा,
या घूंस लेते किसी अफसर को डांट दिया होगा,
मुझे यह भी मालूम है

कि जेल की दीवारें तुम्हें काटने दौड़ती होंगी
खिड़कियों की सीकें तुम्हारी हड्डियाँ
कड़कड़ा देती होंगी
सही सिद्ध न कर पाने की तुम्हारी अपनी
बेबसी
तुम्हारे टुकड़े–टुकड़े कर डालती होगी
और शायद, मानवता में तुम्हारी आस्था
कांप–कांप जाती होगी,
मगर मेरे दोस्त!
मुझे यह भी मालूम है कि
यों दुश्चिंताओं की दुरात्माएं
समूचा अपना भार ले
छाती पर तुम्हारी जब चढ़ती होंगी
सहसा तुम्हारा 'मनुष्य' ताव खा जाता होगा
और तुम दांत पीसते हुए चीख पड़ते होगे
कि यह कारागार मेरे लिए मुक्ति–द्वार है,
बंदी मैं तब था
जब आदमी की खाल ओढ़े
भेड़ियों के बीच था– चाण्डालों के बीच ....
अब तो मैं मुक्त हूं .... मुक्त .....
ओ भेड़ियो!
मुझे मुक्त रहने दो।

***

एक चाह

जी चाहता है–
'सुषमा–सदन' में बज रहे रेडियोग्राम को
सिर की ऊँचाई तक उठाऊं
और पटक दूं,
'नर्मदा क्लब' में नृत्य–मग्न लोगों की
भीड़ में घुसूं
और गुखरू छिटक दूं,
नगर के मार्गों पर इठलाती कारों के
समक्ष पहुंचूं और कीलें ठोंक दूं,
क्षण भर को ही सही–
इनके मनरंज परिणामों में खो तो लूंगा :
भूख की कांटेदार चेतना से
विमुख तो हो लूंगा।

***

उत्कण्ठा

तुम्हें क्या हो गया है कि तुम
अपने घरों में आग लगाते लोगों को
देखते हो और कुछ कह नहीं पाते,
तुम्हें क्या हो गया है, कि तुम
राष्ट्र की नींव ढहाते भ्रष्टाचारों को
देखते हो और सह जाते हो,
तुम्हें क्या हो गया है कि तुम
समाज की जड़ें हिलाते हत्यारों को
देखते हो और चुप रह जाते हो,
क्या तुम इस तरह मर गये हो
कि जीने की ललक तक शेष
रह नहीं गई तुममें?

***

गीत

आओ, अब चलें
धूप तले,
बयार गुरगुरा उठी
हेमन्ती छांव
देखो ना, अपने भी
थमते ना पांव,
कब तक रहेंगे यों
कांपते?
ठिठुरन के मेले से
निकलें
चलें, धूप तले,
आओ।

***

निर्णय

इस घर में एक मौत
बहुत जल्द होने वाली है
एक असामयिक मौत !
और मैंने भी निश्चय कर लिया है
कि इस बार दाह – संस्कार जैसा कुछ न किया जाएगा ,
मिट्टी जहां की तहां पड़ी रहने दी जाएगी,
कौए नोंचें भले
अथवा मुर्दा सड़े गंधाए . . .
उस आत्मा को शांति मिलेगी
जिसने जीते जी मुझसे पैसों के लिए
डाकू बनने की अपेक्षा नहीं की . .
. . . कभी नहीं की।

***

मृत्यु के छांव तले

ओ चिकित्सको–शुभचिन्तको!
अगर मैं मर ही जाऊँ आज
जो कि बहुत साफ दिख रहा है
तो मेरी पते की डायरी में जितने पते हैं
उन सबको लिखना कि
मैं याद कर रहा था मरने से थोड़ा पहले
और याद कर रहा था उनको
जो अभी–अभी 'पाक' से हुए युद्ध में
देश के काम आए हैं
और उनके परिवारों को भी ....,
(क्षण भर के अंतराल के बाद)
चूंकि मैं अधूरा रहा
मेरी जिन्दगी अधूरी रही
मेरे सपने अधूरे रहे–
इस बेहूदी व बद्‌मिजाज कविता को भी
छोड़ रहा हूं अधूरी ....

***

ऐसा न हो

उठो, उठो ..
ऊंघते न रहो ...
सूर्योदय के पूर्व का घना कुहासा
तुम्हारे अंतिम आलिंगन की प्रतीक्षा में है,
ऐसा न हो, उसे देर तक खड़ा रहना पड़े
और वह थक कर विश्राम करने लग जाए।
हां, हां
बिसूरते न रहो,
उषा की लाली कण–कण पर
उफन पड़ने को आकुल है
और अनगिनत कलिकाएं फूट पड़ने को
आतुर ...
ऐसा न हो, तुम्हारी मूर्च्छा उन्हें छू जाए
और वे असमय असमर्थ महसूस करने
लगें,
सुनो .. सुनो ..,
पड़े मत रहो ..
वृक्षों के पत्ते व फुनगियां
तुम्हारे लिए एक लय में नृत्य कर रहे हैं
और पक्षियों ने अपने मधुर गीतों से
वातावरण को भर दिया है,
ऐसा न हो, द्वार आया प्रात
स्वागत सत्कार के अभाव में घायल हो जाए
और कराहने लगे।

***

कब तक

मैं
जब भी किसी शराबखोर पार्टी के लिए
चंदा इकट्ठा करने में असफल होता हूं
अफसर डांट खिलाते हैं–
असली काम कोई नहीं देखते,
वेतन में खाना–कपड़ा
जुटा पाने में असमर्थ होता हूं
तो घर में मूर्ख कहलाता हूं–
घूंस के बल बढ़े साथियों के उदाहरण
दिये जाते;
और इन स्थितियों में, हर बार
मैं चाहने लगता हूं
तमाम ऐसे लोगों को गोली मार देना,
लेकिन तभी ये बहुत सारे लोग
मुझे पागल करार दे देते हैं
और बहुमत का यह युग
मेरी बन्दूक का मुंह
आकाश की ओर घुमाकर
मेरे संकल्पों को, एक बार फिर
हवाई फायर साबित कर देता है
लेकिन मैं सोचता हूं–
यह सब कब तक ?
आखिर कब तक ?

***

आत्महत्या कर लिए मित्र के नाम

मैं तुम्हें रोज याद करता हूं
बन्धु,
तुम–
जो भूख से कुलबुलाते
एक समूचे परिवार की आशा थे,
तुम–
जिसके लिए वह चालीस रुपये की नौकरी ही
अगर मिल जाती
राष्ट्रपति की शाखा थी,
तुम–
जिसके सुकुमार मन के लिए
यह बेतुकी दुनिया भाले की नोक बन गई,
तुम–
जिसके लिए देश के बड़े से बड़े
समाज – सुधारक से ज्यादा सहायक
रेल की वह पांत साबित हुई
जिसने शरण दी,
मैं तुम्हे रोज याद करता हूं, बन्धु !
याद करता हूं और रोता हूं
अपनी असमर्थता पर,
काश ! तुम्हारे लिए कुछ कर सका होता
उस घूंसखोर अफसर का पेट भर सका होता !

^^^

बदलते मूल्य

ओ मेरी संतानो !
सच है
चाहा था कभी मैंने कि
पढ़–लिखकर तुम योग्य बनो
और देश व समाज के काम आओ,
प्रतिभा भी दिखी मुझे इसी तरह तुममें,
लेकिन अब एक और 'सच' ने लगाई है
माथे में ठोकर
कि पढ़ने–लिखने से ज्यादा अहमियत
रखती है भूख...
जिसे ईश्वर ने शायद अभिशाप स्वरूप
दिया है,
जिसके उपचार बिना अस्तित्व ही असंभव
इसलिए अब चाहता हूं कि
तुम 144 धारा तोड़ो
कर्फ्यू भंग करो,
बंदी बनकर भूख को कुछ तो अर्थ मिलेगा :
शाम तक मुट्ठी भर चना तो मिलेगा।

***

एक सोच

जो इतना बड़ा सम्राट हो
कि दुनिया के तमाम निर्धनों को
कुबेर बना देना चाहता हो,
मगर जो कंगाल भी इतना बड़ा हो
कि कलम की निब घिस जाने पर
छह माह उल्टी तरफ से लिखता हो
सोचता हूं–
वह क्या करे ?
कहां समा जाए ??

***

अनिर्णय

. . . देखता हूं कि
जिस घर (प्रजातंत्र) में मैं रहता हूं
दीवारें उसकी नई होने के बावजूद
हिल रही हैं
छत के आर–पार हो गए हैं छेद
पानी झर रहा है टप . . टप . . टप . . !!
मैं दीवारों के भहराने की आशंका से
भयभीत
एक कोने में दुबका पड़ा हूं
किसी पक्षी की तरह– निरीह,
पत्नी की कातर दृष्टि
टूटी खटिया के झरोखे से
खांसते बच्चों को देख लेती है, और
कभी मुझे . .
स्यात् वे चाहती हैं मेरा निर्देश
और मैं होता जा रहा हूं चेतना–शून्य . . .
सतत् चेतना–शून्य . . . .
कितना भयावना है कोई भी निर्णय !

***

मेरा दुख –2

क्या करूं ?
बड़ी मुश्किल है कि
शरीर के साथ एक पेट चिपका हुआ है
और इसे भरने को, काफी है
न धूप, न हवा, न सिद्धान्त
आवश्यक है पैसा
और वह इस सड़े हुए समाज में बेईमानी के सिवा
किसी पुरुष के संतानोत्पत्ति जैसा!

***

भूख

भूख
मेरे घर में किसी तूफानी हवा की तरह
कमरे--कमरे में घुस गई है,
खिड़कियां – दरवाजे, सभी जोर से
चीख मारकर खुल गए हैं,
छतें– दीवारें हिलने लगी हैं कच्चे सूत की तरह,
मैं उन्हें बंद करने को दांत भींचकर
ताकत लगाता हूं
मगर आह !
दम फूल जाता है
अंततः खयाल जाता है उस रेल की ओर
जो हर आगंतुक को आश्रय देती है
जहां भूख एकदम मिट जाती है
मगर बीच में ही,
किसी का स्मरण गला दबा देता है
और मैं अपनी दुर्बलता पर खीझता–
तिलमिलाता
जमा देता हूं उस बच्चे को
तड़ाक . . त . . ड़ा . . क . .
जो रोता है निरंतर भूख . . भूख . . .,
कमबख्त मेरे जीने के लिए भी
चुप होने का नाम नहीं लेता !

***

मेरे शुभ दिन

हर सुबह
मुझे लगता है कि
आज डाकिया जरूर एक पत्र दे जाएगा
जिसमें लिखा होगा
'अर्से से बीमार तुम्हारा भाई
अमुक दिन नहीं रहा '
(. . . क्या उसकी दवाओं के लिए डाका डालता ?)
या फिर आएगी खबर, कि
अभाव व भुखमरी को ढोते–ढोते
तुम्हारे पिता श्री थक गए
और आत्महत्या कर लिए
(. . . क्या उनसे पहले मुझे आत्महत्या कर लेनी थी ?)
या मालिक मकान का मुंशी
मूंछ पर ताव देता पहुंचेगा और कहेगा–
'अभी–अभी किराया न चुकाया तो
तुम्हारी किताबें व पोथियां सभी कुर्क करा दूंगा '
(. . . इनके सिवा यहां है ही क्या ?)
. . . यों ही
दुश्चिंताओं में डूब जाता है दिन
उतर आती है सांझ. . .
लेकिन मैं पाता हूं
न भाई के मरने की खबर
न पिता की आत्महत्या की सूचना
न मालिक मकान के मुंशी का कहीं निशां
और मुझे लगने लगता है –
एक दिन और गुजर गया शुभ . . .!

***

प्रतीक्षा

फीकी चाय–सी सांझ
मूर्च्छाग्रस्त नगर . . और
एक घना सा सन्नाटा. . .
किसी सुनसान घाटी से
उठती है मन्द हवा
जाती है नगर की ओर . . .
जिन्दगी का आभास
एक सुरसुरी . . . एक उल्लास . . .
कतार के कतार लोग देखने लगते हैं
पड़े–पड़े, एक दूसरे को,
मगर तभी, एक चट्टान से टकराकर
बिखर जाती है हवा
बिफर पड़ते हैं लोग. . ,
लेकिन डिगता नहीं मेरा विश्वास
कि उस घाटी की हवा ही एक दिन निकलेगी
और एक–एक मूर्च्छित को स्पर्श करती
गुजर जाएगी वेग से,
ओ विश्वास मेरे!
मैं तुम्हारे प्रतिफलित होने की
आतुरता से प्रतीक्षा करता हूं।

***

कचोटें

सोचता हूं–
कितने असहाय होते हैं वो
जो एक–एक टका जुटाकर (प्रजातंत्र की) इमारत खड़ी करते हैं
और इमारत टेढ़ी हो जाती है,
–कितने दयनीय होते हैं वो
जो औरों के समक्ष हाथ पसारते हैं
भले वह मरणासन्न बन्धु के पथ्य हेतु हो,
–कितने खूंखार होते हैं
कोई भी 'समझौते'
जो सिर्फ हमारी परास्त भावना के
द्योतक होते हैं
और जिनके लिए बाद में
हमें मूल्य चुकाना पड़ता है,
और इन सबसे बढ़कर
कितने खतरनाक होते हैं वे दर्द
जो भीतर ही भीतर टीसते हैं
और कहे नहीं जा सकते
किसी से नहीं कहे जा सकते!

***

डेमोक्रेसी ?

बड़े अधिकारी ने पूछा
छोटे अधिकारी से –
'अमुक कार्य दस दिन में
क्या हो सकता समाप्त. ? '
छोटे अधिकारी ने (दुम दबाकर) 'हां' किया
और पूछा अपने छोटे अधिकारी से–
'अमुक कार्य पंद्रह दिन में
क्या हो सकता समाप्त ?'
उसने भी ' हां ' किया
और पूछा अपने छोटे. . . .
यों होते–होते बात पहुंची
कर्मचारी के पास'
'अमुक कार्य पच्चीस दिन में
तो हो सकता समाप्त ?'
उसका भी स्वीकृति में सिर हिला
और अंत में, एड़ी–चोटी एक करके
30 दिन में कार्य समाप्त कर दिया!

***

संभावना

गहरे अंधेरे में
रात का सुबकना
हाथों को हाथ न सूझना
–जैसे हम,
कि क्षितिज के आंचल में
चंदा का उद्‌गम
अधरों पर सरगम
–जैसे हमारे शिशु,
और फिर प्रकाश का झरना . .
झरते चले जाना . . .
जब तक समूचा दृश्य
दूधिया न हो जाए
–जैसे हमारा भविष्य।

***

तब और अब

कभी चांद को
खिड़की से, मटमैले ताल में देखना
बहुत प्रिय था
और उसके अदृश्य होने पर उसके बारे में सोचना–मधुर . .
मगर आज पूरी उजराई के साथ, वह
उतरा होता है नर्मदा में,
और मेरी ट्रेन ऊपर से गुजर रही होती है
धीमे. . .
मगर आह!
देखा नहीं जाता पल भर,
आंखें कहीं टंगी होती है सूली पर
जहां तमाम ईसामसीह
एक साथ झूल रहे होते हैं!

***

आखिर क्यों?

मेरा बाप
मुझे सबसे प्रेम करने की सीख देता है
दोस्त कहता है—इन्सान एक
पड़ोसी मानता है धर्म एक. . .
मगर मेरे बाप का क्षत्रिय
मुझे शूद्र, ईसाई या मुसलमान का साथ
करने पर
खीझ प्रकट करता है,
दोस्त का मुसलमान
मुझसे हर घड़ी चौकन्ना रहता है,
पड़ोसी का ईसाई
मेरे धर्म—परिवर्तन की चेष्टाएं करता है
रोज ;
और इसी तरह पाकिस्तान लड़ाइयां लड़ना
नहीं चाहता
चीन, रूस, अमेरिका, वियतनाम
सभी युद्ध के विरोध में हैं,
भारत पुराना शांतिप्रिय देश है
मगर
भीतर ही भीतर तैयारियां चलती रहती हैं
और लड़ाइयां हो जाती हैं
और बड़े 'फीस्ट' की सलाद की तरह
कटने लगते हैं मनु—पुत्र,
उनके रक्त – मांस की गंध मालिकों के नथुनों तक
पहुंचती है, तो कोई 100 वर्षों
युद्ध जारी रखने का दम भरता है
कोई आदर्शों की रक्षा हेतु रक्त की अंतिम बूंद

तक लड़ने का करता है संकल्प,
कोई बच्चों के सुपुर्द कर देता है
आग के गोले बरसाने का काम,
कोई समझौते की बात इसलिए ठुकराता है
कि 'मर्यादा' आ जाती है आड़े,
कोई समझौते के बाद भी फोड़ जाता है बम,
और यों ही चलता रहता है बारह मास . . .
हर दम . . . क्यों ?
आखिर क्यों ? ?

***

अपराध

वे चाहते हैं
मैं आंखें अपनी फोड़ लूं ,
कान कर लूं बन्द
और जुबान भी लूं सी ,
मगर यह सब कैसे करूं ?
स्वयं कैसे करूं ?
जबकि वे भी अगर करना चाहें
तो हाथ उनके काट लेने की कोशिश करूंगा
क्योंकि
हमारे यहां आंखें फोड़ना अपराध है
तो फुड़वाना भी . . .
जबान सिलना अपराध है
तो सिलवाना भी . . .!

***

मेरा वर्तमान

अब मैं
दैनिक समाचार–पत्र नहीं पढ़ता,
ऊब चुका हूं पढ़–पढ़
भुखमरी, घूसखोरी, हत्या – आत्महत्या, गोली
व भ्रष्टाचार के समाचार . . .
–भोंकने से ज़्यादा इनका अर्थ ?
मैं पत्रिकाएं पढ़ना भी बन्द कर चुका
जिनमें बड़े – बड़े दिग्गज बुद्धिजीवी कसते हैं
मरे नेताओं पर रुआब,
उगलते हैं उनकी गलतियों का इतिहास.
–मानो उनमें इनका हाथ नहीं रहा,
फिर, परछाइयों पर गालियां उछालने में सार्थकता ?
मैं रेडियो भी अब नहीं सुनता
थक गया हूं सुन–सुन कर्णधारों की बकवास,
गाली–गलौच , आलोचना–प्रत्यालोचना,
राजनीति के भीतर राजनीति
–वे एक दूसरे की निंदाओं पर जीते हैं
और अकसर देश में कोई समस्या ही नहीं मानते;
दरअसल मैं कुछ इस तरह झकझोर उठा हूं
कि हो गया हूं अकेला
और बनाने लगा हूं बम,
सोचा है बनने पर सबसे पहले इसे
भारत में फोड़ूंगा
ताकि संभव हो सके
'एक नये मनुष्य का जन्म'!

***

किससे कहूं ?

. . . . किससे कहूं कि
भूखा हूं ?
मां–
बूढ़ी होने के साथ
लंगड़ाने लगी ,
बाप को मोतिया था
अब हो गया वह अंधा,
भिक्षा में जो मिलता उसे
उस भर को नहीं होता ,
भाई ?
मेरे माता–पिता बड़े प्रतापी थे
हां, उनके बहुत संतानें हुईं
पर उनमें कुछ है भरी–पूरी
पर वे अलग न दिखकर भी अलग हैं
समझ नहीं पाती मेरी भाषा
मेरी बोली . . . .
मैं खुद ?
जवान हूं
पर बे–धन्धा ,
किससे कहूं कि भूखा हूं
कब तक सहूं ? ?

***

प्रथम मिलन के पूर्व–
बच्चन जी के प्रति

तुम जब आओगे
लोग तुम्हें पहनाने को मालाएं लिए होंगे
मेरे पास वह न होगी,
तुम जब आओगे
लोग तुम्हारे लिए गीत गाएंगे
मेरे गीत खो गए होंगे,
तुम जब आओगे
लोग हंसेंगे–खिलखिलाएंगे
मैं चुप हो गया हूंगा।

और
जब तुम चले जाओगे
कहीं अकेला बैठ सोचूंगा–
मैंने उन्हें माला नहीं पहनाई
मैंने उनके लिए गीत नहीं गाए
मैं हंस भी नहीं सका . . . .

लेकिन
तुम सचमुच गए न होगे
तुम मेरे भीतर ही कहीं छुपे होगे
और धीमे से कह उठोगे, कि
तुमने मेरी माला पहन ली है
तुमने मेरे गीत सुन लिए हैं
तुमने मेरी हंसी पढ़ ली है
और यह सुन
मेरी आंखों से खुशी छलक पड़ेगी. . .
मैं फिर आत्म–विस्मृत हो जाऊंगा !

***

एक बोध

मेरी अनुभूतियों ने
मुझे बहुत अकेला छोड़ दिया है,
राष्ट्रपति या प्रधानमंत्री
माता या पिता
या अन्य कोई शुभचिन्तक . . . .
सभी मुझे असहाय लगते हैं
जैसे बगुले की चोंच में दबी हुई मछली,
फिर उनकी ओर कैसे निहारूं ?
और आगे के मार्ग की भयानकता !
ओह! डर जाता हूं
सच, कितना विलक्षण है कि
वही चित्त से नहीं हटता
जिसे हटाना चाहता हूं,
कल ही पत्नी ने कहा था –
"तुम इतने दुबले पहले कभी नहीं
देखे गए ,
तुम्हारा शरीर जाने कैसा होता जा रहा है
आखिर हो क्या गया है ? "
और मैं कांप जाता हूं, कि
कितना बड़ा धोखा हो अगर सचमुच मैं मर जाऊं
क्योंकि बच्चे मुझी को खुदा समझते हैं,
और मुझे पता चल गया है कि
मैं कुछ नहीं . . . मैं कहीं नहीं !

***

पराजय बोध

मैं देश दुनिया के बारे में
सोचता हूं–बहुत सोचता हूं
और मुझे भविष्य की ओर जाने वाली
एक राह दिखती भी है,
उसी के लिए कुछ करना चाहता हूं
पर अकेले कुछ होता है !
साथ के लिए हाथ फैलाता हूं
मगर ओफ्फ !
मां – बाप
भाई – बहन
यार –दोस्त
सभी छोड़ जाते हैं,
बड़े–बड़े हरिश्चन्द्र निकल जाते हैं चोर,
कंधे से कंधा मिलाने वाले साहित्यिक
हो जाते हैं फरार,
राष्ट्रपति व प्रधानमंत्री
नजर आते हैं निरीह. . असहाय . . . . ,
फिर भी
अकेला बढ़ने का साहस करता हूं
बढ़ता भी हूं कुछ दूर
मगर आह !
खाली पेट बढ़ा जाता है?
हो जाता हूं वही . . जो हूं
जीवन और मृत्यु की देहली पर
एक चौकीदार ... अस्वस्थ . . जर्जर !

***

एक चाह

चाहता हूं–
कोई मुझे प्यार करे
तो बताए ना . . . बस करता जाए . . .
ताकि उसे महसूस भी करूं
और तिल भर ही सही
संदेह भी बना रहे . . .
विपरीत इसके, कोई जब कह देता है
मैं मान लेता हूं सच,
और तब आनंद हो जाता है
कितना असह्य!
कितना असह्य!!

***

मेरा दुख

नगर में गोली चली।
मुझे दुख है
मगर इसका नहीं कि
एक के आदेश पर
दूसरे ने मारा और
अनेक मरे,
बल्कि इसका कि, वस्तुतः
न वह एक आदेश देना चाहता था
न वह दूसरा मारना
और न वे तमाम मरना !!

***

शक्ति की चिन्ता

तुमने यही समझा कि
खींचने से मैं पास आऊंगा
तुमने दरअसल जाना ही नहीं, कि
यह मेरे छूटने की प्रक्रिया है
और छूटने पर मैं सीध में पड़ने वाले
किसी की भी छाती के पार हो सकता हूं
और कि, वह तुम्हारा कोई अपना–
बहुत अपना भी हो सकता है
मगर तुम अंधे लोग देख कैसे पाते ?
और मैं मूक बाण बोल कैसे पाता ?
फलतः तुम खींचते गए प्रत्यंचा तनती गई
मैं छूटने के करीब आता गया–आता गया
और अब अंतिम बिन्दु पर
मेरा सिर जाता फटा . . .
तुम्हारी तनिक सी ही सूझ
मुझे बचा सकती थी
किसी सदुपयोग के लिए!

***

नियति

अंधे–बहरों की भीड़
और उन्हीं के बीच में
मेरी आंख व कान ही बन गए हैं
मेरे लिए अभिशाप
क्योंकि मैं रह गया हूं अजन्मा
(जन्मते–जन्मते रोक दिया गया हूं)
मेरी नियति बन गई है
आंख व कान के रास्ते से जहर पीना
(अपने से ज्यादा दूसरों के जहर)
हां, कुछ कर ना पाना, बस जहर पीना
जहर जो मरने भी न दे!

****

वसीयत

जब मैं देहत्याग करूं तो मेरे शरीर को
जलाना मत
उसमें से एक बोटी मंत्री को भेज देना
जिसका बैंक बैलेंस हो सबसे अधिक,
और एक बोटी मोटे बनिये को
जिसका 'अन्न–भण्डार' छू रहा हो छत,
और कुछ बोटियां लक्ष्मीपतियों को
जिन्होंने धन की थाह पाने हेतु
मस्तिष्क खरीदे अनगिनत
पर निश्चित नहीं कुछ अब तक,
और कुछ बोटियां कहीं निर्जन में
घूसखोरों के लिए रख देना
वे छुपकर ले जाएंगे
क्योंकि उनका इस देश में पता चलना है दुष्कर
(पूरे 50 करोड़ को भ्रष्टाचार विरोधी बातें करते सुनता हूं)
और इन सब को ही
मेरी लाल–लजीज बोटियां सुरक्षित रखने को
कहना–
जब तक मैं फिर न लौटूं
वे कृपया मरेंगे नहीं तब तक,
. . . मरेंगे नहीं तब तक !

***

अनिश्चितता–1

कभी–कभी लगता है, सहसा
मैं इस देश का प्रधानमंत्री बन जाऊंगा
और तमाम अन्य मंत्री अपनी पसंद के रखूंगा
जिनमें दार्शनिक और ईमानदार लेखक होंगे,

फिर कभी लगता है
मैं लक्ष्मीपतियों के समक्ष हाथ जोड़–जोड़
भीख मांगूगा, और मिले हुए धन को
बिहार, उत्तर प्रदेश व और भी तमाम
दुखियों में बांट दूंगा,

और फिर कभी लगता है
मैं विश्व का नेतृत्व करूंगा
और तमाम सेनाएं समाप्त कर
दुनिया को प्रेम करना सिखाऊंगा,

और फिर कभी लगने लगता है
मैं कुछ न कर पाऊंगा,
राक्षसों की संख्या अधिक है
और मैं हूं बहुत अकेला . . .
सिर्फ युद्ध व भूख की बेदी पर
बलि चढ़ते भाइयों के दर्दों को पी–पी
मैं पागल हो जाऊंगा,
या फिर चल बसूंगा,
सच, कितना अनिश्चित है भविष्य !

***

एक निर्णय

कई वर्ष बीत गए
उन चित्रों को रक्खे,
नेहरू, गांधी, टैगोर सभी थे उनमें,
सोचा था पैसे होने पर उन्हें मढ़ाऊंगा
और नित नई प्रेरणाएं लूंगा;
मगर वह दिन नहीं आया
वर्ष पर वर्ष बीतते गए
चित्रों की कतार बढ़ती गई
पैसे बढ़ते लगकर भी घटते गए –
घटते गए . . .
और सच, आज मुझे दुख नहीं हुआ
जब मैंने उन्हें 'गुड़िया' की दवा के लिए
रद्दी के साथ बेच दिया
क्योंकि अब मुझे मुर्दों के चित्र नहीं–
जीना प्रिय है . . जीना. . वर्तमान . .।

***

एक अभिव्यक्ति

. . . कुछ कहना चाहना
और कह न पाना . . .
अनभिव्यक्ति की पीड़ा की मधुरिमा !
रोना . . रोना . . रोना
और आंसू न होना
अभावों–असमर्थताओं का आनंद!
नहीं . . . नहीं . . कुछ नहीं . .
. . कुछ नहीं ।

***

प्रणाम

मेरे हाथ
युवा होने के साथ शक्तिहीन हो गए हैं,
आंखें
खुलने के बाद चमकी नहीं –
धंस गई हैं नीचे,
पैर मेरे शरीर का बोझ लादे रहने को अब तैयार नहीं हैं,
उंगलियां
लेखन शुरू करने के साथ सूज आई हैं,
मस्तिष्क
बेचारा मस्तिष्क !
इस पर मुझे तरस आता है, सच,
चिंतन की झाड़ी से निकलना चाहता है
और उलझता चला जाता है–लहूलुहान . . .
अब सब के सब विश्राम चाहते हैं
एक ब **S** हु **S** त बड़ा विश्राम,
शायद मेरी भूमिका समाप्त हो गई, मित्रो,
तुम सब को मेरे प्रणाम !

***

दीवालीः 1967

अमीरों की दीवाली है
गरीबों का दिवाला
इसीलिए रहा सब गड़बड़ घोटाला
जो बधाई नहीं भेजा
क्षमा करें, अब औपचारिकता नहीं होती,
पर नहीं, नहीं हिन्दुस्तान मुर्दों का देश है
और चूंकि मैं भी उसका एक सरदार हूं
और चूंकि आप भी सौभाग्य से उसके साझीदार हैं
अतः बधाई हैं . . बधाई . .
बधाई है . . . बधाई . . .!

***

अनिश्चितता–2

अक्सर
मुझे अपनी छाती के भीतर
एक विस्फोट होता हुआ सा लगता है
मगर होते–होते रुक जाता है।
इधर जबकि ऐसा रोज ही होने लगा है
मैं नहीं जानता भविष्य
अपना अपने शरीर का
और इस देश का भी
जहां अंधे नेता समझते हैं
उन्होंने अणुबम बनने से रोक लिया,
नासमझ चिकित्सक कहते हैं–रोग
और मूर्ख मनोवैज्ञानिक निदान देते हैं
शंका।

***

प्रश्नान्तक

अब
जबकि भूख से लड़ने के सारे उपाय
हो चुके निरूपाय
और लिखने का अर्थ रह गया मात्र रोना
(और उसकी भी ताकत अब कहां)
सोचता हूं– क्या वही सब मैं भी करूं
वही सब . . .
क्या मैं भी जेबें काटूं ?
मित्रों–परिचितों से वापस न करने की नीयत
से, रुपये उधार लूं ?
अथवा डाकगाड़ी के पहिये के नीचे सर दे दूं ?
कोई तो बताओ, क्या करूं ?
आ ईश्वरो ?

***

बुरा आदमी

जीवन पहले भी चलता था
पर तब मालूम न था कि
क्यों चलता है और
जाना कहां है ?
आज
जबकि गति और गन्तव्य
कुछ भी छुपा न रहा
पीछे मुड़कर देखता हूं
तो पाता हूं कि
जीवन में कोई नहीं मिला
जिसे कह सकूं बुरा
अगर कभी मिला तो वह
'मैं' था।

***

मन से

रे मन !
क्या यही था तेरा देश . . .
जिस पर गर्व था करता
कभी तू ?
देख –जल रहीं इसकी दिशाएं
हवाओं में घुल गया है
विष,
नदी, नाले, पोखर
सब हो गए हैं रेत . . रेत . . रेत . .
. . . श्वास तेरी अब कहां
संभव ?
बोल रे मन !
यही था तेरा देश ?

***

एक मित्र के नाम

तुम्हारा पत्र और यादें . . यादें . . यादें . .
सोचता हूं
लोगों ने मुझे कितना स्नेह दिया है !
और मैं ?
बदले में दी है मैंने उन्हें पीड़ाएं . . .
और होता क्या रहा, जानते हैं ?
वे मेरी पीड़ा में भी स्नेह पाते रहे , और
मैं उनके स्नेह में भी पीड़ा . . .
मैं पीड़ा का खोजी !!

काश ! मेरी जीवनी जानने की आकांक्षा
तुमने पहले की होती–
तुम्हारे लिए एक उपन्यास लिख डालता,
मगर अब बहुत देर हो चुकी है
क्योंकि लिखती है पीड़ा
– हम–तुम नहीं –
और अब वह कहां ?

कभी पीड़ा थी कि
स्वजनों ने ही मेरे हाथ–पैर काटे
और उन्होंने ही मरहम –पट्टी कर मुझे मरने नहीं दिया
ताकि लूली–लंगड़ी जिन्दगी घसीटूं,
कभी पीड़ा थी, कि
भूखों मरने वाले तमाम लोग
मरते–मरते मुंह बिराते हैं
जब मैं कविताएं लिख–लिख लिफाफों में भरता रहता हूं
और टिकट लगा–लगा पत्रिकाओं में भेजता रहता हूं
अथवा जब सिगरेट फूंकता हूं,
मानो उनके मरने में सहयोग करता हूं,

फिर कभी पीड़ा हुई कि
तमाम लोग मुझे इसलिए पागल कहते हैं
कि मैं जाने क्या –क्या सोचता रहता हूं
और स्वयं का सचेत, कि
जिन्दगी को खाने, सोने और मर जाने के सिवा
कुछ समझते ही नहीं,

फिर कभी पीड़ा हुई कि
हेमिंग्वे महान को मैं जानता हूं
और कि उसकी अंतिम कृति (आत्महत्या)
वह अमर अभिव्यक्ति है जिसे मैं कर नहीं पाता
–और जो बहुतों के समझने की नहीं,

फिर कभी चुभा कि वह युवक
जिसने इस धूर्त दुनिया से तंग आकर
पत्नी, बच्चे व भाई के साथ
अपनी हत्या की
वह मैं ही हूं
पर लोगों को बता नहीं पाता

यों ही मैं खाया जा रहा था . . खाया जा रहा था . . .
कि तभी एक मित्र आया
मगर आह !
मुझे जान भी न पाया कि वह पागल हो गया,
अब सड़क पर हवा को खदेड़ता है और
खंभों को गालियां बकता है,

फिर दूसरा मित्र आया, मगर
जानने के पास आते–आते वह भी कहीं छुप गया –
सुनता हूं दीर्घ साधना में लीन हो गया

जहां अब वह बोलता नहीं
और न आंखें खोलता है,
फिर तीसरे की बारी आई
मगर वह भी बेचारा मुझे जानने के प्रयास में
चिकित्सा विज्ञान के लिए एक चुनौती बन ग़या . . .
चार वर्षों से कोई चिकित्सक समझ ही नहीं पाता कि
आखिर उसे हो क्या गया है ? ?

इस तरह पीड़ा के परिणामों की पीड़ा !
पीड़ा . . पीड़ा . . पीड़ा !!
इतनी पीड़ा कि बहने लगी पन्नों पर
मगर वहां भी मुझे क्या मिला ?
मैं घुटने लगा जब पाया कि
साहित्यिकों की खोल में भी करीब–करीब चोर ही हैं।
और फिर तो मुझे लगा कि
संसार की समस्त पीड़ाओं का मैं घर हो गया हूं
और अब कोई भी इधर देखे यह संभव नहीं है,
क्योंकि सच, होने वाली हर मौत में मैं मरा हूं
हर मौत में
मैं मरा हूं
मगर धन्य है !
मुझे मालूम न था कि 'तू' है
– सदा साथ है–
और जब 'तू' प्रकट हुआ
न पीड़ा रही ,
न 'तू'
न 'मैं'
बस प्रेम . . प्रेम . . !

***

98.5 प्रतिशत बुद्धिजीवियों के नाम

. . . तुमसे पूछता हूं
हां, तुम बुद्धिजीवियों से,
मेरे द्वार पर नाम–पट्टिका नहीं है
और न उपद्वार पर कोई पर्दा ही झूल रहा है
और खिड़कियों पर भी कुछ नहीं है
मेरे पास सोफा–कम–बेड अथवा दूसरी भी
कुर्सियां नहीं है–कभी तुम आ जाओ तो
बैठने को टूटी खटिया ही मिलेगी,
मेरा घर दीवाली को भी पोता नहीं जाता
और मैं पर्वों–उत्सवों पर भी
फटे कपड़े पहनता हूं . . .
यहां तुमसे कोई नहीं कहेगा कि
'गर्म' चलेगा या 'ठंडा' ?
ज्यादा से ज्यादा कहा जाएगा
मित्र, शक्कर नहीं, वर्ना चाय पिलाता . . .
हां, तो पूछता हूं
क्या तुम मुझे आदमी कहोगे ?
मगर नहीं . . नहीं . . .
तुम्हारे कहने से क्या फर्क ?
तुम कुछ भी कहो
तुम्हें तो मैं खुद मूर्खों की आत्मा
कहता हूं !!

***

मुर्दा जिन्दों के नाम

ओ बड़ी–बड़ी कुर्सियों पर जड़ी
छोटी–छोटी मूर्तियो !
मार दो . . . मार दो . . . मुझे गोली मार दो . . .
अथवा जहर दे दो
क्योंकि मैं तुमसे नहीं डरता हूं
और न तुम्हारी मुर्दा तोपों और बंदूकों को
जो आंख मूंदकर तुम्हें सलामियां दागती हैं
और क्योंकि मैं तुम्हारी 'हां' में 'हां' मिलाता
नहीं रह सकता
मुझे 'ना' भी आता है
. . मार दो . . मुझे गोली . . .
और मेरे मरने के बाद–
ओ भूत, भविष्य व वर्तमान के ठेकेदारो !
मैं तुमसे अपने परिवार के पोषण के लिए
नहीं मांगता भीख –जानता हूं तुम बड़े संकट.
से गुजर रहे हो–
मैं तुमसे एक ही बात चाहता हूं
कि जब वे किसी गोदाम में सड़ते अन्न के
पास
भूख से घुल–घुलकर मर जाएं
तो करवा देना शव–दाह
मगर नहीं . . ., वह भी मत करवाना
तुम बड़े संकट से गुजर रहे हो
और परिवार है मेरा बड़ा
बहुत बड़ा!

***

किधर है मेरा देश?

. . . अंधे नेता रेडियो और अखबारों पर
एकता की डींगें हांकते हैं
तो मुझे आती है हंसी
काश ! अपनी आंखें उन्हें दे पाता
जिनसे देखता हूं साफ, बंटे हुए इस देश को
पचास करोड़ टुकड़ों में
जहां सभी एक दूसरे के रक्त के प्यासे हैं
बेरोजगार को नौकरी घूंस बिना नहीं मिलती,
अस्पतालों में डाक़्टर से डिस्पेन्सर व
चपरासी तक की जेबें भर जाती हैं
जब वे खीस निपोरते हैं मरण शय्या पर पड़े
किसी रोगी के संबंधी के पास
सरकारी अफसर बेचते हैं रुपयों में छुट्टियां
और बांटते हैं उन्हें प्रमोशन
जिनकी लुगाइयां 'फ्लर्ट' हैं,
एक ही चीज का भाव
किन्हीं दो दुकानों में एक नहीं होता
जैसे घड़ियों का समय . . . ,
कहां है एकता ?
किधर है मेरा देश ? ?
आंख फोड़े बिना कोई राह तक नहीं बताता
आह! किधर है मेरा देश ??

***

एक पुकार

हे नारी !
तू कहां खो गई ?
हे मां !
तेरी करुणा कहां सूख गई ?
तेरे बेटे आज आत्मघात के लिए
उतावले हो रहे हैं
क्या तू यों ही खड़ी तमाशबीन
बनी रहेगी
और उनका उनके अपने ही हाथों
संहार देखेगी ?
क्या तू इतनी निष्ठुर हो गई है ?
फिर, क्या तू उन्हें राह न दिखाएगी
और तू राह दिखा सकती है—यह मैं जानता हूं
क्योंकि तूने मुझे राह दिखाया है और मैं
तेरे अन्य बेटों से भिन्न हो गया हूं
हां, मैं जान गया हूं, कि
तुझमें हिंसा को प्रेम में बदलने की
अद्‌भुत क्षमता है
तेरे हृदय में सागर की गहराई है
जहां आकर कोई बूंद, बूंद ही नहीं
रह जाती,
फिर, क्या तू अपने असमर्थ बेटों को
समर्थ न बनाएगी ?
बोल मेरी मां !
बोल .. तू कहां है ?

***

चीखें

हे भाई सुनो
कोई भी तो सुनो . .
मेरे हाथ–पैर काट रहे हैं वो,
देखो तो चिल्ला रहा हूं असहाय
और मेरी नाक पकड़
मेरी विवशता की वो उड़ा रहे हैं खिल्ली ....,
ठीक है, नहीं सुनते तो जाओ
तुम्हारा अंधा व बहरा बने रहना
एक दिन तुम्हें भी खाए जाने को बाध्य करेगा
और तब तुम्हारी ही तरह कोई भाई
तुम्हारी चीखें नहीं सुनेगा
और तुम्हारा लहूलुहान जिस्म उसे नहीं दिखेगा,
और फिर, वह भी एक दिन खाया जाएगा,
और यह क्रम चलता रहेगा ... चलता रहेगा ...
जब तक कोई आंखों–कानों वाली पीढ़ी
न आएगी।

***

औषधि

सोचता हूं –
रूस, अमरीका, चीन में
लगे हुए बमों के ढेर
जिस दिन फूटेंगे
उन (साले) बेईमानों का क्या होगा
जो दमड़ी के लिए चमड़ी और मनुष्यता
सभी को बेचे बैठे हैं...
क्या सचमुच इस युग का इलाज बम ही है ?
क्या परमाणु बम रोग नहीं –
औषधि है?

***

एक कलाकार के प्रति

हे कलाकार !
अब तो मुझे जान नहीं पड़ता कि
प्रशंसा तुम्हारी करूं
इस जीवंत कृति के लिए
या अपनी
कि इसे समझता हूं
अब मुझे नहीं सूझता कि
तुम्हारी कलम चूमने
तुम्हारे पास आऊं
या यहीं–आइने के सामने
खड़ा होकर–अपने गाल छू लूं ...

यह कितना अद्‌भुत है कि
अब तुममें और मुझमें
मुझे फर्क नजर नहीं आता,
हां, तुम्हारी चर्चाएं चलती हैं
तो अब मैं चुप ही रह जाता हूं,
पहले जरूर तुमको लेकर
लोगों से बहस करता था ...
कभी एक मित्र ने कहा था.
' यह ... अंधभक्त है '
मैंने कहा –' मैं अंधभक्त किसी का
नहीं, हां , प्रेमी जरूर हूं ।

वह आगे बढ़ा–
'प्रेम अंधा होता है
पीछे मैं भी न रहा–

'सच में तो प्रेम के ही आंखें होती हैं'
और एक बार तुम्हारी ही चर्चा के दौरान
कुछ मित्रों ने मुझे पागल कहा था
और मैंने कहा था –'तुम 55 करोड़,
नहीं, नहीं, पूरे 3 अरब लोग
जिस दिन मुझे पागल कहोगे
वह मेरे सर्वोच्च सम्मान का दिन
होगा ; पर वे समझे नहीं और
हंसते चले गए ...

वे उसे समझ भी कैसे पाते
जो खुद नहीं समझता कि क्या है अच्छा
और क्या है बुरा
कि कुछ चुने,
जो कर नहीं पाता
सुख–दुख़ में दूरी,
सुविधा–असुविधा जरूर जानता है
पर उनके लिए चिन्ता नहीं होती,
'अपने को धार में ढीला छोड़ दिया है–
यह भी तो नहीं कहा जाता,
आह !
किस अद्‌भुत बिन्दु पर आ खड़ा हुआ हूं
जहां कि कुछ भी पता नहीं है
न अपना–न किसी का।

***

चुप रहना

... कुछ न कहना
मुझे कुछ न कहना
जब बच्चे घर में भूखे रहते हैं
और तुम अपनी एकमात्र अंगूठी बेच
मुझे पैसे देती हो राशन लाने को
और मैं सिर की गर्मी कम करने को
इत्र खरीद लेता हूं।

कुछ न कहना प्रिये !
मुझे कुछ न कहना
जब तुम रोगग्रस्त–मरणासन्न–शय्या में
कराह उठती हो
और मैं पर्स टटोल कर
चिकित्सक बुलाने के बजाय
'लाहौर रेडियो' पर 'नूरज़हां' की ग़ज़ल
अथवा 'ऑल इंडिया' पर कोई धुन
सुनने लगता हूं।

कुछ न कहना साथियो !
तुम भी कुछ न कहना
जब किसी शराबखोर 'पार्टी' को चंदा देने की
अस्वीकृति पर
मेरा नाम एक विशेष डायरी में चढ़ जाता है
और मैं घर आने पर निरपराध पत्नी व
फूल से बच्चों पर क्रोध निकालता हूं।
चुप रहना कायदे–कानूनो !
उस दिन भी चुप रहना

जब मैं भूख–प्यास व अपमान से
मुक्ति पाने हेतु
अपनी एक मात्र सम्पत्ति–कलम–बेच
केरोसीन लाऊंगा
और अपने ऊपर छिड़क लूंगा।

हां, हां चुप रहना
तुम भी चुप रहना हवाओ !
मत कहना किसी से कि
यहां कोई भूखा मरा है
वर्ना मेरा देश. . .
मेरे प्यारे देश की आत्मा रोएगी
और मैं जहां भी रहूंगा–तड़पूंगा !!

***

एक टीस

वैसे तो
सब भूल चुका
पर कभी–कभी
अब भी टीसता है जख्म,
और सोचता हूं इन्सान की विवशता
जिसके चलते उसके पास
जख्म देने के सिवा कुछ नहीं रहता।
काश, कभी व्यक्त कर पाता
उसके प्रति अपनी सहानुभूति–अपनी श्रद्धा ।

***

सब एक है

मालूम है कि वे मुझे
पागल समझते हैं
क्योंकि मैंने अपने जीवन का लक्ष्य प्रेम बनाया,

और कोई भी प्रेमी इसे जानता है
कि प्रेम के रास्ते अजीब हैं
वहां बुद्धिगत भेद चाहे जितने हों, जो हों,
हृदय तो समस्त को समेट लेता है,
हां, मैंने उन गलियों में हफ्तों बिताया
जिनमें तथाकथित भला आदमी झांकना तक पसंद नहीं करता,

और मैं उन घाटियों में भी गया
जहां कम लोग जाते हैं,
और मैंने उन लोगों को प्रेम किया
जिनसे लोग बात करना हेय समझते हैं ;
और मैंने हृदय की समस्त ऋतुओं को खूब प्रेम किया,
हां, तपा देने वाली धूप में खुलकर नहाया,
थर्रा देने वाली बारिश में नंगा नाचा,
और ठिठुरा देने वाली शीत में बाहर मैदानों में घूमा
और उसे महसूस किया
यही नहीं; प्रेम और जिन्दगी को समझने के इस
सिलसिले में मुझे विचित्र अनुभव हुए
हां, मैंने धूर्त कहे जाने वालों का साथ किया,
और आश्चर्य! मैंने उन्हें सामान्य से अधिक ईमानदार पाया,
फिर मैंने जजों–बैरिस्टरों–वकीलों व बड़े–बड़े
नेताओं से मित्रता की
और धूर्त के दर्शन हुए,
सच, मैंने जिन्दगी भर यही सब किया

जिससे न मोटर कार आ सकती थी
न बंगला खड़ा हो सकता था
यहां तक कि मरने पर, घर में
बहुत संभव है कफन के कपड़े जितना पैसा भी न निकले,
लेकिन मैं उन्हें कुछ नहीं कहता
तो उन्हें भी मेरे बाबत् टीका–टिप्पणी नहीं करनी चाहिए,
क्योंकि उनका जीवन उनका है, मेरा जीवन मेरा,
पर नहीं, वे मुझे पागल कहते हैं
तो उन्हें मना करने का हक भी मुझे क्या है ?
उनका जीवन वे जिएं, मेरा जीवन मैं,
और मैं फिर दुहराता हूं कि
मुझे कहीं भी किसी से भेद नहीं ,
क्योंकि बुद्धिगत भेद कितने ही हों
हृदय में झांकता हूं तो वहां सब एक हैं !!

***

बोध

रात आती है–
चली जाती है
दिन आता है –
गुजर जाता है
और मैं अंधकार और प्रकाश से अपरिचित
पड़ा रह जाता हूं
आह!
मैं खुद आया हूं,
मगर लगता है खुद से भी अपरिचित
चला जाऊंगा!

***

तटस्थ!

मैं,
अब लिखने को प्रेरित नहीं होता हूं
जब कोई मेरा रक्त चूसता है
अथवा शरीर पर कोड़े बरसाता है,
अब तनिक भी विचित्र नहीं लगता है
जब कोई अधिकारी रुपये आठ–आने के
लिए देर तक कसता है
और मैं टूटने–टूटने को हो जाता हूं,
अब मुझे ट्रेन चूकने
अथवा रेडियो के घड़–घड़ करने
अथवा रचना के लौट आने पर (भी)
खीझ नहीं होती है,
यथार्थतः मैं हो गया हूं, इस सब का अभ्यस्त
अतः देखता रहता हूं स्थिर ... मौन ... तटस्थ ...
– जैसे कोई मुर्दा देखता है!

***

आवाहन

इतनी बड़ी मनुष्यता
चंद ठगों के चंगुल में कैद है!
क्या वह दिन कभी नहीं आएगा
जब तमाम दुनिया के कैदी एक होकर
संघर्ष करेंगे
और मुक्त होंगे....
मैं पूछना चाहता हूं एक–एक मनुष्य से–
'क्या वह दिन कभी नहीं लाओगे तुम?'

***

प्रेरणा

दुनिया में सबसे कठिन
मुझे लगा है धन अर्जित करना
और यदि जमा न भी किया जाए
तो कम से कम
बच्चों को लिखा–पढ़ा
उन्हें एक भविष्य तो दिया जाए,
किसी आध्यात्मिक महापुरुष ने
कहा है–
'जो सबसे कठिन हो
उसे प्रथम करना'
और इस तरह सोचता हूं
पहले मुझे बनना पड़ेगा चोर ...
बेईमान ... यहां तक कि जानवर भी ...
(बिना इसके पैसा कहां ?)
और बाद में देखूंगा–जो है आसान
मसलन परमात्मा के राज्य में प्रवेश ...
हां, हां, कहा है उस महापुरुष ने भी
कि ' उसका' द्वार हर क्षण खुला है
महज हमें आंखें खोलना है।

***

मित्र की मां के निधन पर

प्यारे दोस्त !
जो दुख तुम पर पड़ा है
यही तुम्हारे पिता पर पड़ा था
और मेरे पिता पर भी
और मुझ पर भी पड़ेगा
और हमारी सन्तानों पर भी ...
अतः हमारे बच्चे इसका साक्षात् करें
इससे पहले आओ हम इसे जानें
– कोशिश करें कि जानें –
कि यह सब क्या हैं ?
मौत आखिर क्या है ??
परमात्मा हमारे साथ है!
और हां, मैं आ नहीं सका हूं
प्रथमतः इसलिए कि मैं आ नहीं सक रहा हूं
दूसरे यों कि
मैं आया हुआ ही हूं ,
कौन जाने इसे कोई हंसी समझे या मजाक ...
पर है यह सच ही ...
क्या मेरे आने से उनकी मौत पर कोई फर्क
पड़ता ?
हां वहां जुटे लोग
चाहते होंगे कि
तुम्हारा दुख कम हो जाए
पर मैं कुछ विचित्र तो हूं ही,
अतः चाहता हूं वह और घना हो जाए
इतना घना कि यही
तुम्हारे जागरण की बेला बन जाए!

***

भतीजी के निधन पर भाई के नाम

हे भाई!
आज जब मैंने सुना कि
' संतोष ' नहीं रही
मेरी आंखों में आसूं नहीं आए
हां, आंसू नहीं आए हैं मेरी आंखों में –
यद्यपि अपनी चपलताओं और टेढ़ी मुस्कानों के
साथ, वह मुझे बहुत प्रिय थी–
मुझे आंसू नहीं आए हैं
मेरा हृदय शायद पत्थर हो गया है
हां, मेरा हृदय पत्थर हो गया है
तथापि
मैं अचंभित और स्तब्ध हूं और भीतर ही भीतर
कहीं बहुत टूटा–टूटा महसूस कर रहा हूं
आह!
क्यों बार–बार स्मरण आता है कि
शीलू (अनुज की पत्नी) को मैंने
कितनी बार कहा था–
" इसका एक चित्र तो खिंचवा लो!
कितना सुन्दर मुखड़ा है!
कितनी निर्मल आंखें हैं !!
बड़े होने तक यह सब कहां रहेगा ?
किन्तु
वाह रे दारिद्रय के निम्नतम नरक!
तूने कभी चार रुपये भी अपनी बेटी पर
खरच करने नहीं दिया
और बड़ी होने तक वह रही नहीं !
मैं आज कितनी अजीब स्थिति में हूं

न कुछ कहा जाता है, न सुना ...
बेटी का चेहरा याद करना चाहता हूं
याद ही नहीं आता ...।
आओ मेरे बन्धु !
इस भयंकर दुख की घड़ी में परमात्मा को याद करें
और कोई गीत गाएं ...,
आओ मेरे प्रिय!
हम उससे कहें कि वह हमें साहस दे
कि हम कह सकें : 'तू जो करता है अच्छा करता है'
आओ मेरे दुख!
हम प्रार्थना करें कि
हे परमपिता,
उस आत्मा को शांति दे
जिसने चार दिनों को हमारा भी तुच्छ आतिथ्य
स्वीकार किया था
और जिसने अपनी मधुर किलकारियों से हमारा आंगन भर दिया था,
आओ मेरे मित्र!
हम उससे कहें कि
हे परमात्मा! हमें शक्ति दे, कि
हम घोरतम दुख में भी तेरे न्याय पर
भरोसा रखें,
और अपार आपत्ति में भी तेरा ही सौंदर्य देखें,
आओ मेरे मन! हम हंसें,
क्योंकि परमात्मा हमें हंसता देख मुग्ध होता है
और दुखी देख रोता है!

***

तुम धन्य हो

तुम धन्य हो!
जो कर्म करते हो
और कुछ नहीं चाहते,
क्योंकि प्रभु का साम्राज्य
तुम्हारे लिए है,
और तुम भी धन्य हो
जो कर्म करते हो और
बदले में कुछ चाहते हो
क्योंकि वे प्रभु की ही इच्छाएं हैं,
तुम धन्य हो
जो अपनी सीमित बुद्धि से
कानून निर्मित कर
स्वयं को परमात्मा समझने लगते हो,
और समाज को अपने प्रभुत्व से पीसते हो
क्योंकि तुम्हारा भ्रम भंग होगा,
और तुम धन्य हो
जो प्रेम करते हो
क्योंकि अपने प्रेम द्वारा हर बार
तुम प्रभु तक अपनी आवाज पहुंचा देते हो,
और तुम भी धन्य हो
जो घृणा करते हो
क्योंकि परमात्मा स्वयं तुम्हें प्रेम करना सिखाएगा,
तुम धन्य हो
जो फूलों के समान प्रफुल्लित हो
क्योंकि परमात्मा तुम्हें देख मुग्ध होता है,
और तुम भी धन्य हो
जो उदास हो
क्योंकि तुम्हें प्रसन्न करने परमात्मा स्वयं आएगा,

तुम धन्य हो
जो जागते हो
क्योंकि परमात्मा तुम्हारे जागरण में विश्राम करता है,
और तुम भी धन्य हो
जो सोते हो
क्योंकि तुम्हारी निद्रा तोड़ने
'वह' स्वयं आएगा।

***

क्षमा याचना

हे मेरे शरीर!
मैंने होश संभालते ही
तेरे साथ भांति–भांति के
अन्याय करना शुरू कर दिया
और फिर करता गया ... करता गया ..
यहां तक कि तू
असमय ही रूग्ण और जर्जर हो चला,
किन्तु, अब मैं तुझे प्रेम करता हूं
अतः हे मेरे प्रिय!
क्या तू मुझे क्षमा न कर देगा ?
अब मैं जीवन के परम अर्थ की ओर उन्मुख हूं
क्या तू कृपा करके मेरा साथ न देगा ?
हे मेरे शरीर!
मुझे क्षमा कर!
– क्षमा कर !!

***

अकुलाहट

... कौन है जो मेरे भयंकर दुख के
रहस्य को समझे और मेरी आत्मा को मुझ पर
प्रकट करे ?
मैं चारों ओर निगाह फेंकता हूं
और निराश हो जाता हूं ...
कौन है जो बुझाए इस आग को
जो भीतर–बाहर हर तरफ लगी है
और जिसमें मैं लगातार जल रहा हूं,
मेरी शिराओं में जो तूफान उफन पड़ा है
उसे कौन थामेगा ?
आह!
कितनी दुखदायी है यह स्मृति कि मैं इस
संसार में
एक अजनबी की तरह भटक रहा हूं,
न मैं किसी को जानता हूं
और न ही कोई मुझे ...
मैं अपनी ही आंखों में देखते हुए डर जाता हूं
बोलता हूं तो अपना ही स्वर
अनजाना लगता है
मैं कौन हूं ?
क्यों हूं ?
कहां हूं ?
कौन है जो मेरे इन रहस्यों को मुझ पर
प्रकट करे
ताकि मेरी आत्मा आनंद में डूब जाए ।

***

चुप हूं

मैं चुप हूं
हां, चुप हूं
क्योंकि जानता हूं
मैं बोलूंगा तो
देशवासी मुझे देशद्रोही कहेंगे,
परिवार कै लोग पथभ्रष्ट कहेंगे
और यार–दोस्त पागल ..।
यद्यपि यह मेरा सर्वोच्च सम्मान है
कि कोई मुझे देशद्रोही कहे
पथ भ्रष्ट कहे
और पागल कहे
किन्तु मैं चुप हूं, हां चुप हूं
क्योंकि मैं जानता हूं कि
अब समय स्वयं कहेगा–
युद्ध बन्द करो
जात–पात खत्म करो
और कि, अपने को समझो ...
और यह बेहतर है कि समय कहे और
लोग चेतें
बनिस्बत इसके कि
मैं कहूं और वे
मेरी हत्या करें
और नीचे गिरें।

***

तथ्य

हे महाअधिकारी
तुम 'निरीक्षण' पर आए थे
मगर मैं बता देना चाहता हूं कि
तुम्हें बेवकूफ बनाकर
लौटाल दिया गया है
तुम देख कुछ नहीं पाए जो यहां का
यथार्थ है
क्योंकि तुम्हारे आने के महीने भर पूर्व से ही
यथार्थ के ऊपर कलई का कार्य
चलता रहा था दिन–रात
यहां तक कि कार्यालय के माथे पर
जो नाम पट्टिका तुमने देखी होगी
वह कल लिखी, रंगी व लटकाई गई है
दीमक लगी फाइलें
परसों सजाई व साफ की गई हैं,
सारे कर्मचारी केवल आज उपस्थित हुए हैं
अन्यथा आधे से ज़्यादा का चेहरा
केवल पगार के दिन देखा जाता है,
सच कहता हूं अधिकारी!
तुम कुछ नहीं देख पाए हो
जो यहां का यथार्थ है
तुम्हारी आंखों में
धूल झोंक दी गई है
या कौन जाने
तुम खुद भी
यही अपेक्षा रखते हो
तुम सब की महिमा कौन जाने ?

***

प्रेमानुभूति

आओ प्रिये!
हम इस अंधेरी रात की
गहन शान्तता में
एक दूसरे के मौन आलिंगनों में 'खो' जाएं,
क्या पता 'कल' फिर हो, न हो ?
क्योंकि अब तुम्हारा, हमारा पेड़–पौधों का
अथवा किसी का भी
कोई स्वतंत्र अस्तित्व नहीं,
हमारा होना अब जॉन्सन, कोसीगिन व
माओत्से तुंग* की कृपाओं पर निर्भर है।
आओ प्रिये !
हम घोर विभ्रम की इन अंधकारपूर्ण घड़ियों में
उस 'प्रेम' का अनुसरण करें
जिसने हमें मौत की घनी छाया में भी
आलिंगन–बद्‌ध कर दिया है
और हमें जीवन से भर दिया है
क्योंकि कौन जाने 'वह'
और केवल 'वह' विनाश को सृजन में
परिवर्तित करने में समर्थ हो?
आओ प्रिये!
हम खो जाएं एक–दूसरे के
मौन आलिंगन में
और अनुसरण करें प्रेम का ...।

***

सदी

जब मेरी नींद खुली
मैंने पाया कि सुबह का मुंह
टेढ़ा हो गया है,
और समूची सदी आंख पर पट्टी बांधे
एक अंधे कुएं में कूदने को आतुर है,
मैं इस सदी से बाहर भाग जाने की नीयत से घर से
निकला हूं
मगर लौट आया हूं
क्योंकि सड़कों को –
बर्फ से ढकी होने के बावजूद,
आग लग गई है
हवाई अड्डे पर हो गया है
बम–विस्फोट
मोटर और कारें सभी जल रही हैं
चिल्लाहट से भरा एक सन्नाटा है चारों ओर
मैं लौट आया हूं
इस सदी के साथ आत्महत्या करने को विवश।

***

दासता

आह!
इस दुनिया में कैसे जिऊं
जहां जीवित मनुष्य दास है
और मुर्दा नियम व सिद्धांत
सम्राट?
हे प्रभो!
तूने मुझे किसलिए पैदा किया है?

***

एक मित्र के नाम

मेरे प्रिय!
तुमने आज बहुत निकट से
कुरेद दिया है, और
मुझे याद हो आए हैं वे तट
जिन्होंने कभी मुझे धार में ढकेला
और जहां थपेड़ों ने बाध्य कर दिया
स्वयं को छोड़ देने को
शिथिल ... निश्चेष्ट ...।
मेरे मित्र!
तुम मुझे समझना चाहते हो
तो महसूस करो कि
किसी ने तुम्हारे पैरों को बांध दिया है
और उसके इशारे पर
जब तुम चले नहीं–उसने तुम्हें
फूहड़ गालियां दी हैं, और
कोड़ों से मारा है,
... महसूस करो कि
तुम्हारे हाथ बाजुओं से काट दिए गए हैं
और फिर करने को काम दिया गया है
और जब तुम कर नहीं सके–
कहा गया 'निकम्मा है' ।
... महसूस करो कि
तुम्हारी छाती में गोली दाग दी गई है
और वह कुछ इस अन्दाज से घुसी है कि
तुम्हारी धड़कन न बन्द होती है
और न चलती है,

और जब तुम चिकित्सालय गए हो–
कहा गया 'चंगा है' ।
... महसूस करो कि
तुम्हारी जीभ काट ली गई है
और फिर अपनी कहानी कहने को
तुम्हें संकेत किया गया है
और जब तुम बोले नहीं हो
कहा गया 'बनता है' ।
... महसूस करो कि
तुम्हारी आंखों के सामने तुम्हारी संतान का
वध कर दिया गया है
और तुम थाने पहुंचे हो –
तो कहा गया 'चलता है'।
... महसूस करो
इस दुनिया में तुम इतने अकेले हो गए हो
इतने अकेले
कि आइने के सामने खड़े होकर
खुद को निहारे हो और रो पड़े हो
यहां तक कि तुम्हारी आंखें सूज आई हैं
और तुमने जीना अब नापसंद कर दिया है
और तभी भीतर से प्यार से
किसी ने पुकारा है–'तुम रोते हो ?'
और तुम हंस पड़े हो !!

***

आकांक्षा

रात बीत चुकी
मगर दिन नहीं आया,
कौन जाने सूरज कहां खो गया है ?
हां, मुझे दीखता है हर तरफ अंधेरा
और ऊब, घुटन, भय व संत्रास से कंपित
चीखता हुआ मानव!
हे प्रभो!
मैं इस कायर भीड़ के साथ चीखना–
चिल्लाना नहीं चाहता
मैं प्रकाश के गीत गाना चाहता हूं
मगर नाथ!
मेरे भीतर–बाहर भी तो अंधेरा ही है,
कहां जाऊं ? कैसे गाऊं ?
हे महाप्रकाश!
तुम मेरे भीतर झरो ताकि मैं जलता हुआ सूरज बनूं
और धरती पर प्रकाश बिखेरूं !!

***

मृत्यु : पुराने आदमी की

उनसे कहो कि वह मर गया
तो वे मानते ही नहीं
हां, अभी वे उस 'पुराने' आदमी की प्रतीक्षा में खड़े हैं
जिसकी शवयात्रा में मैं खुद शामिल हुआ था
जिसकी चिता को मैंने खुद आग लगाई थी
जिसकी खोपड़ी बांस की मदद से मैंने खुद
तोड़ी थी
और जिसकी राख को मैं खुद नर्मदा में बिखेर आया हूं
वे उस आदमी की प्रतीक्षा में हैं
जो कि अब है ही नहीं!

***

आमंत्रण

आओ –
हम डरें नहीं – समझें कि
यह अंधेरा आखिर क्यों हुआ है.. .
और कि, हम अंधेरे से धिरे हैं सच,
मगर हम अंधेरे नहीं....
क्योंकि तब हम शायद इसे
अर्थ दे सकें!
आओ –
हम एक दूसरे से भागें नहीं
स्पर्श से महसूस करें, कि
वही 'तुम' हो जो 'मैं'
क्योंकि तब हम शायद
एक दूसरे को प्यार कर सकें।

***

समय

समय का भागता रथ
और उसका बेतहाशा पीछा करता
मैं......
जितना ही मैं दौड़ता
वह उतना ही आगे बढ़ जाता....
बनी रहती पहले सी दूरी.....
कि चुपके से कानों में
तभी कोई कह जाता
साहस जो खोता है, कहीं का न रह जाता
और कि, दौड़ो नहीं, रुको....
बोलो नहीं, देखो
समय की अखंडता है
बांहों में तेरी ।

***

एक दुखद स्थिति

मैं देखता हूं कि
कुछ धूर्तों की स्वर्ण पेटिकाओं में
मुहरें व अशर्फियां घिस रही हैं,
कुछ गधों के गोदामों में
सड़ रहा है अन्न,
अनेक अंधे अग्नि में जला रहे हैं घी
(12 करोड़ की लागत से होने वाला गुजरात में यज्ञ)
और मेरी अंतड़ियां सिकुड़ गई हैं
सदियां गुजर गईं जब मैंने अन्न चखा था
आज भूख बहुत बढ़ गई है,
और मुझे कोई सरकार व कोई व्यवस्था
कहीं नजर नहीं आती,
जी चाहता है देश के तमाम चिंतकों व
बौद्धिकों के 'भेजे' निकालूं और चटनी बनाकर
अपने तमाम भूखे भाइयों में बांट दूं
और खुद भी चाटूं !!

***

एहसास

मुझ जैसा पापी कौन होगा
आह! मैं कितना बड़ा पापी हूं
कि मेरे चारों ओर अन्याय व भ्रष्टाचार का
नंगा नाच चल रहा है
आदमी काटा जा रहा है मेरे घर से दिल्ली
और दिल्ली से वियतनाम तक..
और आगे काटे जाने का चल रहा है इंतजाम
और मनुष्य की आत्मा को बनाया जा रहा है
गुलाम और यह सब मैं देख रहा हूं!
चुपचाप देख रहा हूं!!

***

तलाश

मैंने दरिद्रों से समृद्धि
खूब मांगी है
और गुलामों की स्वतंत्रता खूब भोगी है
और देख लिया है कि मैं और दरिद्र और और
गुलाम होता चला गया हूं।
अब मुझसे यह नहीं होता ....
हां, नहीं होती गुलामी
नहीं मांगी जाती भीख,
अच्छा है कि तुम मुझे पागल समझो
और मैं यों ही अकेला फिरूं
इस उम्मीद में कि
शायद कोई सम्राट मिल जाए
सम्राट : जो बिना मांगे देता है
और जिससे मिलने का मतलब ही है –
स्वतंत्रता .. अभय ... ।

***

विचित्र

मुझे पागलों से जितना प्यार है
उतना उनसे नहीं जो कि पागल नहीं हैं,
क्योंकि ईमानदार को यह दुनिया पागल कर ही देगी
और जो पागल नहीं है, वह बेईमान है।

***

दया समर्थक चिन्तक के नाम

मैं भूखा हूं
और तुम उसका निदान निकालते हो
कि मुझे चार रोटियां दे दो
शायद तुम नहीं जानते कि चार रोटियां देकर
तुम मुझे और दीन–हीन बना देते हो,
दे सको तो यह स्थिति ही बदलने में बल दो, साथ दो
वर्ना चुप रहो और मुझे कुछ करने अथवा मर जाने दो,
तुम्हारी कृपा कर क्यों रहूं जिन्दा?
मैं मनुष्य हूं
मनुष्य होने का सम्मान चाहता हूं,
मुझे जिन्दा रहने के लिए कोई मुझ पर
कृपा करे क्यों?
मुझे नहीं चाहिए भीख......
दाता चाहे चिंतक हो
चाहे हो ईश
मैं *रजनीश के पास भी
बादशाह की तरह जाता हूं,
मेरी बादशाहत उसी दिन खत्म होगी
जिस दिन कोई मुझे भीख देगा
और मैं उसे स्वीकार कर लूंगा !

***

---

*ओशो का पूर्व नाम

स्थितियां

कभी–कभी सुबह से शाम तक
भटकता रहता हूं जाने कहां–कहां–
यद्यपि बैठा दिखता हूं सामने,
कभी डूबा रहता हूं
किन्हीं अनजान गहराइयों में
और ख्याल भी नहीं होता कि कोई मेरे सामने है,
और कभी पीछा करता रहता हूं अपना ही
मगर कुछ भी पता नहीं चलता कि
मैं क्या हूं? कहां हूं? क्यों हूं? कौन हूं?
आह!
मैं खुद ही खुद से अपरिचित हूं
और लोग कहते हैं –
'मैं उसे जानता हूं
वही 'शिव'* न ?

***

*लेखक का पूर्व नाम

निःशब्द

मैं, अब
अपनी प्रेम–पीड़ा को
शब्द देने के बजाय,
उसकी रहस्यमय मिठास में डूबा रहना
अधिक पसंद करूंगा,
क्योंकि शब्द देने के साथ
वह मर जाती है
जिसके साथ जिया जा सकता था
देर–देर तक!

***

आवाहन

आओ, हम पृथ्वी के सारे मनुष्य एक हो जाएं
और हिन्दू, मुस्लिम, सिक्ख, ईसाई, जैन
काले–गोरे, अमरीकी, रशियन और भारतीय
सभी को भाड़ में झोंक दें क्योंकि इन्होंने
मनुष्यता को खंडित किया है।
आओ, हम एक स्वर हों
घोषणा करें कि जो हिन्दू है
वह हिन्दू होने के कारण ही साम्प्रदायिक है
जो भारतीय, चीनी, अमरीकी और पाकिस्तानी है
वह कुछ भी कहे युद्ध–प्रिय है
आओ, इन सीमाओं को तोड़ें
और इसे राजनीतिज्ञ कभी नहीं कर सकेंगे
(अक्सर तो धार्मिक भी राजनीतिज्ञ ही हैं)
क्योंकि उनकी कुर्सियां इन्हीं बंटवारों पर
हैं सलामत.. जिन्हें तोड़ने का मतलब होगा
उनकी कुर्सियों की मौत ...
तो आओ, हम सब एक हों
और इन बंटवारों की मौत की खुशी में
नाचें, गाएं, गले मिलें
और पृथ्वी को स्वर्ग बनाएं
राजनीतिज्ञ अगर चाहें तो
खुदकुशी कर सकते हैं!!

***

यह अब क्या है?

यह दुनिया क्या है?
यह तुम क्या हो?
यह मैं क्या हूं?
तुम मुझे प्यार करते हो
मैं तुम्हें – यह तो ठीक...
मगर यह प्यार क्या है
जिसने तुमको मुझसे और मुझको सबसे जोड़ रखा है?
यह पृथ्वी क्या है?
यह आकाश क्या है?
तारे क्या हैं ?
क्या पृथ्वी सचमुच पृथ्वी है?
तारे क्या तारे हैं?
तारों का नाम तारा व पृथ्वी का पृथ्वी क्यों है?
आह! यह सब क्या है?

***

सतत् परिवर्तन

तुम और हम
दोनों ही एक दूसरे से
दबे–दबे ...
न तुम्हारे पास कोई शब्द है
न मेरे ...,
अतः आओ
हम अपने–अपने दुखों के साथ कुछ देर को पृथक हो जाएं
ताकि बाद में जब मिलें
हम उनकी चर्चा करें और हंसें ....!!

***

आत्मालाप

सोचता हूं,
इस दुनिया में मैं क्यों पैदा हुआ था?
इतने बड़े जहान में, क्या एक भी दिशा नहीं
कि मैं भी चलूं और कहीं पहुंचू
ताकि जिन्दगी को सार्थक समझूं?
ये मेरे भीतर कौन है
जो पैसों को इज्जत नहीं देने देता
उन पैसों को – जिनके बगैर कोई जी नहीं सकता
मगर जिनका 'ईमान' से संबंध खो गया है?
ये कौन है मेरे भीतर
जो मुझसे तमाम रात मेरी निर्दय असफलताओं के
विष भरे गीत लिखवाता है
जबकि जग सारा सोता है,
और जिसने मेरे लिए तमाम दिनों को भी
निर्जन अंधेरी रात बना दिया है
जबकि जग सारा जीता है और
सफल होता है?
ये कौन है मेरे भीतर
जो मुझ निरीह को भी दुनिया की तमाम कुरूपताओं
के प्रति
भयंकर विद्रोह से भर दिया है
और जो मेरे ईर्द–गिर्द इठलाती विद्रूप दरिद्रता
के बावजूद
मुझे किसी के सामने झुकने अथवा हाथ फैलाने
से रोक दिया है?
ये कौन है जो मेरे 'जन्मने' व 'झुकने' अथवा
'न झुकने' पर ही नहीं –
मेरे 'टूटने' से लेकर मेरी 'मौत' तक पर
अपना नियंत्रण रखता है

कि मैं अपनी मर्जी से टूट व मर भी न सकूं
ये कौन है
जिसने मुझे पति व पिता होने की बेमालूम
हैसियत दे दी है
जबकि मैं इस सब के बिल्कुल भी लायक न था?
मैं किससे पूछूं? कहां जाऊं?
आह!
ये किसने मुझे एक गलत दुनिया में पैदा कर दिया है
जो न मुझे स्वीकार कर पाती है
और न ही मैं उसे !!

***

गेंदः एक आत्मचिंतन

अभी मैं 'गोल' पर पहुंचा नहीं हूं
सिर्फ 'गैलरी' में हूं
किंतु फिर भी, अनुग्रह से भरा हूं–
उनके प्रति
जिन्होंने मुझे पीटा–मुझ पर निर्मम चोटें कीं
क्योंकि अब जानता हूं –
मंजिल मेरी दूर थी
और मैं खुद चल नहीं पाता कदम भी ....
सच, उन्होंने चोटें दे–देकर
यहां पहुंचाया
जहां मैं खुद पहुंच सकता नहीं था
और अब तो अकेला बढ़ रहा हूं
क्योंकि 'गोल' साफ दिख रहा है।
आह! कैसे भेज पाऊं उन तक
अपना प्रेम .... अपनी कृतज्ञता
क्योंकि मैं हूं मूक!

***

पत्र : एक मित्र के नाम

यह दुनिया यह 'तू'
यह 'मैं'
यह सब का सब क्या है?
और यह भी क्या कम विचित्र है कि
तेरे पत्र का मेरे पास उत्तर नहीं है`
फिर भी मैं उत्तर दे रहा हूं?
क्योंकि तेरा पत्र अपनी अत्यधिक गहराई में है क्या?
तेरा पत्र यानी प्रेम!
और प्रेम का कहीं उत्तर हुआ है?
तूने अपने पत्र में मुझे महान कहा है,
और मैं तुझसे कहना चाहता हूं कि
इस दुनिया में कुछ भी और कोई भी
महान् नहीं है
महान् है तो केवल 'प्रेम'
और 'प्रेम' न 'तू' है न 'मैं'
वह कुछ है जो हमारे भीतर से झरता है
लेकिन जिसे अभी हम शायद जानते नहीं,
आओ हम आशा करें कि
हम उससे परिचित होंगे
जहां हम मिट जाएंगे...
रह जाएगा बस प्रेम.. प्रेम.. प्रेम!

***

संस्कृति ?

सोचता हूं,
यह दुनिया इतनी बड़ी होकर भी
मेरे लिए इतनी छोटी क्यों है?–
कि मैं जैसा चाहूं, जी भी न सकूं,
मेरे रहने का ढंग मेरा अपना नहीं
मेरे चलने – फिरने, उठने–बैठने तक के लिए
निर्धारित हैं नियम,
मेरे आने से पहले मेरे लिए नियम आ गए थे
यह कितना जड़ एवं हास्यास्पद है!
और इसे ही कहते हैं संस्कृति..!
आ री संस्कृति ! तुझे दफ्न कर दूं
ताकि मैं जी सकूं
भले ही मेरे पिछलग्गू रोएं, चिल्लाएं
और मुझे उन पर तरस आए!

***

वे

वे बारह मास
चौबीस घंटे
अपनी कुर्सियों की हिफाजत में हैं
वे कुर्सियों के बड़ी होने या खो जाने के ही
सपने देखते हैं
उनके पास और कुछ के लिए समय ही
नहीं ... बेचारे!
और वे मूर्ख हैं जो समझते हैं
कि उनके लिए कुछ किया जा रहा है!!

***

कविता नहीं

ओ अतीत के तमाम खुदाओ!
मैंने तुम्हारी किताबें नहीं पढ़ी हैं
कुछ एक पढ़ी भी हैं तो तब जब उन्हें
समझता नहीं था
और अब समझ सकता हूं
तो पढ़ने.की जरूरत नहीं रह गई है।
बहरहाल मुझे नहीं मालूम है कि
तुमने क्या कहा था?
लेकिन अगर तुमने मनुष्य को बांटना चाहा है
तो तुम मुझे अस्वीकार हो गए हो,
मैं ऐसे खुदा की कल्पना भी नहीं कर सकता
जो टुकड़ों में हो विभाजित...,
और अगर तुमने जोड़ना चाहा है
तो फिर हम बंटे हुए क्यों हैं?
और, फिर तो हमें अपने से पूछना ही होगा
कि क्या हमने तुम्हें गलत समझा?
और क्या हमें अपनी 'समझ' पर पुनर्विचार
करना होगा?
और मेरी समझ तो यह है कि
या तो 'कोई' खुदा नहीं है
या फिर 'सभी' और 'सब कुछ खुदा है।

***

सच्चाई

यह सच है
कि उसने मुझे राखी बांधी थी
और हमने बंधवाई थी
और यह भी सच है कि
पहले से ही हम एक दूसरे को प्रेम करते थे
और हमने राखी इसलिए बांधी–बंधवाई थी
कि हम मिल–जुल सकें,
लेकिन इस पर तुम
हमें क्यों घूरते हो उन नजरों से
जिनसे कोई भला आदमी
किसी बेईमान को घूरता है?
क्योंकि बेईमान तुम हो
जिसके समाज में प्रेम के लिए सीधा रास्ता नहीं है,
और सच तो यह है कि
कभी भी कोई भला आदमी बुरे आदमी को
घूरता नहीं (वह जानता है कि वह बेवकूफ है)
जैसे मैं तुम्हें नहीं घूरता ।

***

अकथ्य

अब मैं नहीं कहूंगा कि
अकेला हूं
न ही कहूंगा कि सब मेरे हैं
क्योंकि जो है
वह न यह कहने से कहा जाता है
न वह कहने से .... ।

***

हमारी नासमझी

हमारी नासमझी पर
हवा हंसती है–उदास होती है
तारे क़रते हैं कानाफूसी
और गड़गड़ाता है समूचा आकाश
मानो चेतना की समग्रता को हिला देना
चाहता हो,
मगर हम आंखों वाले अंधे
कानों वाले बहरे
व जीवित जड़ लोग उनके संकेतों को
समझकर भी नहीं समझते,
हजारों हजार बरस की अपनी 'समझ' को
'नासमझी' समझना शायद कष्टकर है
मगर कड़वा ही सही–यह सच है कि आज
दो ही विकल्प हैं मनुष्य के सामने
या तो वह मरे
और या फिर जीना हो तो उस कष्ट को सहे ....
संस्कृति की लाश को लादे न फिरे–उसे दफन करे
मुर्दा भगवानों से मुक्त हो
और चक्षुहीन नेताओं का पिछलग्गूपन छोड़े
हम अपनी चाहों के विरोध में खुद
स्थितियां निर्मित करते हैं
और फिर रोते हैं
और दूसरों पर गालियां बकते हैं!

***

तथाकथित अहिंसा

वह फूल
जो अपने शैशव में ही
खिले हुए गुलाब से अधिक लाल था
और जिसका यौवन अभी आया न था
समय के विषाक्त दांतों ने उसे
(उसके) कैशोर्य में ही काट खाया है
और वह पीला हो
मेरी गोद में चू पड़ा है
मैं– किंकर्त्तव्यमूढ़–उसे
निहारता हूं और
अपना भाग्य कोसता हूं
जबकि होना चाहिए था
उन दांतों को तोड़ने में मुझे संलग्न
जो और भी तमाम फूलों को
चूसेंगें–चबाएंगे ।

***

अनुशासन

अगर उनका वश चलता
तो सूरज की धूप
और सुबह की ताजा हवाएं भी हमें न मिलती,
और अगर मिलती भी तो इतने मंहगें रेट पर
कि हम उन्हें खरीद न पाते,
जैसे कि दूसरी महंगी वस्तुएं हमारे लिए नहीं हैं।
– और मैं सोचता हूं, तब भी हम
कुछ करने के बजाय
चुपचाप अनुशासित ढंग से
मरते चले जाते!

***

दण्ड देने वाले की तलाश

दोस्तों
मुझे प्यार नहीं –घृणा करो
हां, मैं घृणा का पात्र हूं
मैंने घूंस, दहेज व जात–पांत व और भी
कितनी बीमारियों को प्रश्रय दिया है
बहुतेरे शोषणों के समक्ष सर झुकाया है
जाने कितने अन्यायों को सहा है–
स्वीकृत किया है,
अब मुझे लगता है कि
हर बार जब मैंने ऐसा किया है
किसी को मेरी हत्या कर देनी थी ...
कोई मुझे मौत के घाट उतारे–
मगर वही, जो इन सब के परे हो!

***

मिलन गीत

हे मेरे शुभचिन्तको–परिचितो!
जब मेरी तमाम तैयारियां
पूर्ण हो जाएं
और मृत्यु मेरे द्वार पर आ जाएं तो
तुम दुखी तो होना ही मत–
हो सके तो कोई मिलन गीत गाना ...
क्योंकि मैंने जिन्दगी भर
विरह के ही गीत गाए और सुने हैं
और क्योंकि उस समय मैं आंखें मूंद
अपने ह्रदस के ह्रदय में
परमात्मा से मिल रहा हूंगा और
मुस्कुरा रहा हूंगा।

***

इतिहास

कोई मेरी कथा लिखो
मेरी कथा लिखो भाइयो
मैं हूं इस देश की बुनियाद ...
मैं क्यों नहीं लिखता ?
मेरा लेखन कर चुका असमय आत्म–घात ...
क्योंकि लिखने के लिए दिल और दिमाग ही नहीं
जरूरी होते हैं हाथ
और फिर, शरीर के लिए रक्त
और रक्त ब्रनता है अन्न से ...
मेरे इर्द–गिर्द है भूख ... भूSख ..
भूSख ...
सोचता हूं किसे खा जाऊं
खाद्य मंत्री को या नगर के बड़े सेठ को ?
काश! इतनी भी शक्ति होती शेष
यहां तो बच रहा ठठरियों का मात्र ढेर
शुष्क .. निस्तेज ... !
हां मित्रो,
मेरी कथा लिखो
कोई मेरी कथा लिखो
मैं हूं इस देश कां इतिहास ....,
मुझे भय है
कहीं हमेशा की तरह
फिर न अनलिखा रह जाऊं ।

***

अभी भी

प्रिये!
अब मैं पत्र नहीं देता
क्योंकि उतना भावुक नहीं रहा
तथापि यह सच है, कि
एकदम शून्य भी नहीं हो गया हूं ... ,
अभी भी, कोई मिलता है तो उसे छेड़ता हूं, और
तुम्हारी चर्चाएं सुनता हूं,
अभी भी तुम्हारा चित्र मेरी टेबुल पर
मुझसे अक्सर बातें करता है,
अभी भी, देश के भविष्यहीन बच्चों के
मृत्युपूर्ण जीवन से
आंदोलित होता हूं और इस दुनिया में आग
लगाने व
एक नई दुनिया बसाने की इच्छा व संकल्प
रखता हूं
अभी भी मैं मरा नहीं, जिन्दा हूं
और इस जिन्दगी को अर्थ देने को
आकुल ...।

***

प्रार्थना

हे प्रभो!
मेरा हृदय आकाश जैसा क्यों नहीं है –
जहां असंख्य नदियां बहें–उफनाएं
सागर चिंघाड़ मारे, बादल गड़गड़ाएं
पत्थरों की वर्षा हो
हर ओर आग जले धू–धूकर
तब भी मैं अचल, अडिग, अकम्प
बना रहूं ।

***

प्रिय मिलन

मैं प्रियतम की तलाश में
असीम समुद्र की यात्रा पर निकलने के
अपने निर्णय से आनंदित हूं।
और मेरे पाल खोलते ही
नाव ने तट छोड़ दिया है।
लहरों के थपेड़े नाव के निचले हिस्से को
थपथपाते हैं, पर वह उनसे प्रभावित नहीं होती।
वह मेरा साथ दे रही है
और मेरी इच्छित दिशा में बढ़ रही है।
कि सहसा एक भयावना
तूफ़ान आ गया है
मैंने लंगर डाल दिया है
और क्षण भर को रोमांचित हो गया हूं,
मगर आश्चर्य!
सारे ग्रहों की आंखों से छुपकर
उस तूफान के बीच
मेरा प्रियतम ही आया है,
मैंने अपने आपको उसकी बांहों में
डाल दिया है
और अनंत काल के वियोग के बाद
आज हम प्रेम–विहार कर रहे हैं,
मुझे अब नाव या नाविक का पता नहीं है
और न समुद्र अथवा समय का ....!

***

मृत्यु–चक्र

मैं
अपने यथार्थ से
भयभीत
घुस जाता हूं किसी बिल में
मगर वहां सांप होते हैं
और वहां उनका यथार्थ भी
हो उठता है असह्य– हां, वे काट खाते हैं,
चढ़ने लगता है विष
मैं निकल पड़ता हूं बाहर और भागता हूं जिधर भी ...
हर किधर ..
मगर आह!
भागने से कहीं विष जाता है
अतः मैं – विक्षिप्त –
सांपों की बिल में पुनः घुसता हूं
वे पुनः काटते हैं
और ....!

***

इस देश को

इस देश को गांधी, विनोबा, मोरारजी की
सबसे बड़ी देन है – 'अनशन'
इस अनूठी भेंट के लिए
ये नेता सदा याद किए जाएंगे!
जिसके बल पर, न केवल गलत से गलत
बात मनवाओ,
वरन् अहिंसक की सूची में नाम भी लिखवाओ!

***

सभ्यता का चित्र

पहाड़ियों पर
वृक्षों की गाढ़ी हरियाली
और उसके ऊपर
काले–भूरे
सफेद सुर्ख बादलों का
लुभावना जमाव ...
मैं विह्वल उन्हें निहारता हूं ...
कि देखते–देखते, नभ भी
बरसाने लगा प्रेम .. और अब
हरियाली, बादल
और पहाड़ सभी खो गए हैं,
मैं भी भीगने के आनंद में खो जाना चाहता हूं
किन्तु आह री सभ्यता !
तूने मुझे
एक ऐसा यंत्र बना दिया है
कि मेरे 'निज' के लिए भी
मेरे पास 'कुछ क्षण' नहीं ...।

***

नित्य

कोई काव्य उतरना चाहता है शब्दहीन,
कोई सौन्दर्य आभासित होता है अरूप
कोई संगीत झरता रहता है भीतर–बाहर........ सर्वत्र.....
पर यह सब होता रहकर भी,
कुछ नहीं होता,
सच, न मेरे आनंद का कोई अंत है
न मेरी पीड़ा की कोई सीमा.....।

***

नवलेखन : एक प्रतिक्रिया

मुझे क्या मालूम था कि
विद्रोही, भूखी, नंगी व अनेक नामधारी इस पीढ़ी की
कविताएं व कहानियां
यानी कि सारा का सारा नवलेखन
बकवास सिद्ध होगा,
मैं तो जानता था, ये सारे चिंतक और लेखक
परस्पर पास आ रहे हैं
और एक दिन ये इकट्ठे होकर
समय को झकझोरेंगे
और दुनिया नया मोड़ लेगी
मगर अब मेरा भ्रम भंग हो चुका है
और मुझे तमाम लेखकों से नफरत हो गई है
इतनी नफरत मैंने राजनीतिज्ञों से भी नहीं की ....
क्योंकि ये अपने को बुद्धिजीवी कहते हैं
इन्हें पता ही नहीं कि गधा
मनुष्य से बुद्धिमान अपने को समझता है,
बहरहाल, अब मेरी समझ के बाहर हो गया है
कि ये क्या चाहते हैं?
और क्यों लिखते हैं?

***

चिन्ता नहीं करता

मैं नहीं चिन्ता करता
तुम मेरे बारे में क्या सोचते हो,
क्योंकि कई बार जब मैं कुछ गलत कर रहा था
तुमने मुझे ठीक समझा और मेरी प्रशंसा की
और सम्मान किया,
और बहुत बार जबकि वस्तुतः मैं ठीक था
तुमने मुझे गलत समझा
और मेरी निंदा की और अपमानित किया ।

***

प्रतीक्षा

मेरा बाप, मेरे शिक्षक
मेरे धर्मगुरु एवं राजनेता...
यानी कि दुनिया की तमाम सत्ताएं
मेरे जीने के विरोध में हैं
और मैं सत्ताओं के ...
मैं पराजित भी हूं,
क्योंकि वे सब सम्मिलित हैं
और मैं हूं अकेला ...
कौन जाने कब तक मेरे सह–भोगी आएं
और मेरी हार को जीत में बदलें,
मैं रुका हूं अभी भी
उनके इंतजार में –
मैंने दम नहीं तोड़ा है!

***

वापसी

मैं
दुनिया में बड़ी दूर
निकल गया था ।
वहां जाकर एक–एक जगह देखा
एंक–एक चीज चखा
मगर मेरे घर जैसा सुख–स्वाद
कहीं न दिखा . . .
मैं अब अपने घर वापस लौट रहा हूं –
जहां से कभी चला था,
और अब एक पल भी खोना
मेरे लिए संभव नहीं है,
हां, मेरा घर मुझे पुकार रहा है
और मुझे उसकी बेतरह याद आ गई है!

***

एक आकांक्षा

हे प्रभो!
मेरी एक ही आकांक्षा है
कि मैं बार–बार इस भारत–भूमि पर ही जन्मूं ।
और यह इसलिए नहीं कि मैं कोई राष्ट्र–सभ्यता
का पोषक हूं,
नहीं, बिल्कुल नहीं,
राष्ट्र तो मिट गए उस दिन
जब 'यूरी गागरिन' अंतरिक्ष में पहुंचा, और
उसके मुख से फूटा : 'मेरी पृथ्वी',
नहीं प्रभो, राष्ट्रों में मेरी रुचि नहीं
मैं तो हूं सत्य, प्रेम व स्वतंत्रता का साधक...
और इन गहरे मूल्यों के लिए
कहां है कोई भूमि, भारत से अधिक उर्वरक?
यह भारत को ही संभव है कि शत्रु की ओर भी
बढ़ाए मित्रता का हाथ,
धोखा खाए और पुनः कर ले विश्वास,
महामनीषी ओशो के मुखं से निकला
तेरा ही तो वचन हैः
"बुरे को नहीं, भले होने की संभावना को स्मरण रखो"
और इस महा आदर्श की रक्षा कौन कर सका है
भारत के सिवा??
हां, तूने इस देश की माटी में समूची मनुष्यता को
महकाने वाले फूल खिलाए हैं
तूने इस माटी में भावी मनुष्यता के लिए अनंत
संभावनाओं के बीज बिखेरे हैं,
और भी –
तेरे चरणों में अनुरक्ति व समर्पण के लिए
यहां की हवाएं जितनी सहयोगी हैं
उतनी इस जगत् में अन्यत्र कहां है?
.... इसलिए ही चाहता हूं, प्रभो,

कि हर बार, जब मेरा देह छूटे
मुझे यहीं – यहीं वापस भेज देना
जब तक कि मेरा बूंद सा अस्तित्व
तेरे सागर से अस्तित्व में मिलकर
एक न हो जाए!

***

अपरिचित प्रेमी के नाम

पिछले दो दिनों से
तुम बहुत याद आ रहे हो
तुम – जिसे देखा तो है
मगर जिससे कोई परिचय नहीं,
और इन दो दिनों में मैनें तुम्हें अनेक पत्र लिखे हैं
ऐसे पत्र जो कि वस्तुतः लिखे ही नहीं गए,
और इतना ही नहीं
मुझे उनके उत्तर भी मिले हैं
मगर इन रहस्यमय संदर्भो को कौन समझेगा?
हां, कभी–कभी
संध्या मदमाती हवा बहती है
और मेरे आंगन में खड़े नीम की फुनगियां
धीमे–धीमे झूमती हैं
और ऐसे में आसमान से एक–एक कर
नन्ही बूंदे चूने लगती हैं –
तो मैं पाता हूं कि तुमने मुझे अपने में समाहित कर लिया है
और मैं खो गया हूं, जाने किस रहस्यलोक में।
ओ याद आने वाले अनजान प्रेमी!
तुम कौन हो?
तुम कौन हो?

***

मेरी हैरानी

मैं जानता हूं कि
मुझे कोई नहीं पहचानता,
मैं अपनी खोपड़ी में बारूद से अधिक ताकत लिए
व छाती में अंगारों से अधिक गर्मी लिए
सड़कों पर अकेला फिरता हूं –
कोई मेरे पास नहीं फटकता,
मैं नहीं समझ पाता परमात्मा का मकसद
जो उसने मुझे इतनी ताकत व गर्मी दी,
क्योंकि मुझे इस सब का कोई उपयोग
नहीं दिखता – न अपने लिए, न किसी के लिए,
बस, समझ और सहृदयता की लपटों में
झुलसता रहता हूं अकेला ... !

***

प्रश्नान्तक

मैं मर कर कहा जाऊंगा –
इसी एक प्रश्न ने आज मुझे बुरी तरह मथ डाला है,
यह किरन, यह बबलू, यह सुशील, यह
राजन, यह सम्बोधि, यह रमन (मेरा परिवार)
यह घर,
ये पड़ोसी, यह हवा, यह चांद,
ये तारे, यह आसमान यह सर्वव्यापी मनोहरता,
मैं यह सब न देख पाऊंगा?
मैं मर कर भला कहां जाऊंगा??

***

मरना बेहतर

मैं इस जिंदगी से तंग आ चुका हूं
इसलिए नहीं कि जिन्दगी कोई समस्या है
जिसका समाधान न हो,
बल्कि इसलिए कि आदमी ने खुद
बना लिया है इसे वैसा,
हां, कोई आश्चर्य नहीं कि मैं पूर्णतः हार चुका
और जिंदगी सी सरल चीज को भी
जीना नहीं चाहता ...
ये एम.ए. और डबल एम.ए. पास लड़कियां
बिकती हैं अब भी बाजार में किसी चीज की तरह
ये बी.ई., एम.बी.बी.एस. और पी.एच.डी. की
उपाधियां लिए नई पीढ़ी के ठेकेदार
अपने बापों को देखते हैं सौदा करते...
और मुंह तक नहीं खोलते . . .,
आह!
क्यों नहीं छीन लेता
कोई इनकी सारी उपाधियां!
नहीं, मैं इन राक्षसों के बीच जीने के बजाय
एक आदमी की तरह मर जाना बेहतर समझता हूं...!

***

वह

थोड़ा भी अवरोध पथिक को
नूतन गति दे जाता,
दो सघन विरोधी छोरों में
कितना गहरा नाता ।
मंजिल की चिंता कौन करे
जब गति ही मंजिल है
प्रीतम से हो मिलन या विरह
दोनों में ही वह है।।

***

वाह–वाह!

मैं अपनी चीजें महफिलों में
अक्सर नहीं सुनाता
क्योंकि लोग दाद देने लग जाते हैं,
और मुझे मालूम है, कि
उन्हें जो समझेगा
उसे दाद देने का ख्याल भी कहां होगा !
हालांकि यह भी सच है, कि
कभी–कभी बेखयाली में 'वाह–वाह'
निकल जाता है।

***

अंत में

मेरे इस शरीर को
जिस मिट्टी से जन्म मिला
उसी मिट्टी में यह फिर विलीन हो जाएगा,
और मैं जिस महाशून्य से आया था
उसी महाशून्य में तिरोहित हो जाऊंगा,
न मेरे शरीर का कहीं चिह्न होगा
न मेरा कहीं कोई संपर्क–सूत्र,
तथापि –
इस दुनिया को खूबसूरत
और खूबसूरत–बनाने की मेरी आकांक्षा
तुम्हारे साथ–साथ जिएगी
और तुम्हें सदा छेड़ती और
चुनौती देती रहेगी ।

***

स्थिति

मैं
एक हारा हुआ आदमी हूं।
मुझसे नहीं सोचा जाता कुछ भी..
बस, चल रहा हूं – इतना जानता हूं
इससे ज्यादा कुछ नहीं
यह भी नहीं कि क्यों व कैसे चल रहा हूं,
और कि जाना कहां है?
हे प्रभो।
तू ही मदद कर
क्योंकि लोग मुझसे पूछते हैं
और मैं अपने ही बारे में कुछ
नहीं कह पाता ।

***

बाजार में मंहगाई बढ़ती है

बाजार में मंहगाई बढ़ती है
तो यहां पगार के साथ मिलने वाली मंहगाई बढ़ती है
यहां मंहगाई बढ़ने के साथ
बाजार में और मंहगाई बढ़ती है,
फिर यहां और मंहगाई बढ़ती है,
फिर बाजार में मंहगाई और ......
बस यों ही चलता रहता है,
बड़े–बड़े विशेषज्ञ
मंहगाई की समस्या हल करते रहते हैं
और मंहगाई बढ़ती चली जाती है
जैसे उसे विशेषज्ञों की कोई खबर नहीं!

***

खोज अज्ञात की

गहन अंधकार में
विद्युत की तरह एक झलक देकर
अदृश्य हो जाने वाले, ओ महा चमत्कार!
मैं तेरी तलाश में नित निकलता हूं
और नित लौट आता हूं थका–हारा–हताश..
आते–जाते लोग पूछते हैं –
किंसकी तलाश है?
और कुछ कहने के बजाए मेरे आंसू भर
आते हैं
क्योंकि न तेरा नाम मालूम है
न कोई पता!
ओ महा आश्चर्य !
तू जहां भी हो,
तुझको मेरे प्रणाम!

***

वस्तु स्थिति

एक दिन
यह चन्द्रमा छुप जाएगा
सूरज भी ठंडा हो जाएगा
और ये तारे भी नहीं होंगे
या हो सकता है ये सब सदा बने रहें,
मगर तुमसे मेरे मिलन के क्षण
कितने अनिश्चित, अल्पकालिक एवं अस्थायी हैं
और इस जीवन के बाद फिर कभी
मिलन होगा
इसकी तो कोई संभावना भी नहीं !
ओह! कितना विचित्र है सब !!

***

प्रेम–गीत

मैं तुम्हें प्रेम नहीं करता हूं
हां, मैं प्रेम नहीं करता हूं तुम्हें
पर जाने क्यों, मेरी आंखें तुमको खोजती रहती हैं
और मुझे कुछ ख्याल नहीं होता
जब तक कोई आकर पूछता नहीं, कि
क्या सोच रहे हो!
मैं प्रेम नहीं करता हूं,
हां, मैं तुम्हें प्रेम नहीं करता हूं
पर जाने क्यों, तुम मेरी स्मृतियों में
छाए रहते हो
जैसे भूमंडल पर वायु
हां, उठते–बैठते, चलते–फिरते ... सदा
यहां तक कि तुम्हारे स्मरण के साथ
नींद आती है
और तुम्हारे स्मरण के साथ ही जागरण होता है।
मैं तुम्हें प्रेम नहीं करता हूं
हां, शायद मैं तुम्हें प्रेम नहीं करता हूं
पर जाने क्यों, जब कुछ मुझे बहुत प्रीतिकर
लगता है –
चाहे कोई गीत, चाहे कोई वाद्य, चाहे कोई फूल
अथवा कोई गंध –
कुछ भी जब मुझे बहुत भाता है
तुम याद आने लगते हो
और मेरे आंसू झरने लगते हैं, कि
काश, तू पास होता ।

***

गीत

कितना भी समझाऊं मन को
फिर भी, दिल तो दुखता ही है।
नहीं किसी से मुझे शिकायत
है नहीं किसी से मुझे गिला,
जो हो सकता था हुआ वही
जो मिल सकता था वही मिला,
यह तो है सब मालूम मुझे,
फिर भी गम तो खलता ही है!! कितना !!
इस दुनिया में अलग नहीं कुछ
जीवन है सारा जुड़ा हुआ
कोसूं या दूं आभार किसे?
मैं खुद भी सम्मिलित खड़ा हुआ,
यह सब मैं खूब समझता हूं
फिर भी, दुख तो रिसता ही है।। कितना।।

***

अब

नहीं रखना चाहता ख्याल
कि तेरी याद में कब, कितने आंसू बहे,
कब कितना तड़पा–छटपटाया,
क्योंकि अब ये आंखें तर ही रहती हैं।
और तड़पने–छटपटाने की निरंतरता,
नदी के प्रवाह की तरह अविच्छिन्न है।
यहां तक कि तेरा शरीर छूता हूं
तब विरह और भी प्रगाढ़ हो जाता है।
जितना निकट होकर छूता हूं
विरह उतना ही प्रगाढ़ होता जाता है।

***

एक बोध

मैं अब इस महासागर में
एक तिनके की भांति हूं,
न मेरा कोई पथ है
न कोई गंतव्य ....,
हवाएं जहां ले जाएं
वहीं चले जाना मेरी नियति है
हां, अब हवाएं ही मेरा पथ निश्चित करेंगी
और जहां भी पहुंचा देंगी
वही होगा मेरा गांव ....
मैं इतना थका हारा टूटा और हताश हूं
कि मुझे खुद को उन हवाओं पर
छोड़ देना पड़ा है
जिन्हें मैं जानता तक नहीं!

***

फाल्गुन : शुक्ल पक्ष; 14: एक अनुभूति

ऊपर से चांद
अमृत बरसाती रात,
नीचे बौराये आम,
हवा में बावरापन घोलते ।
कहीं छुपी कोयल
उड़ेल जाती मधु..
सारा मौसम शराबी – शराबी सा
मैं नाच उठता हूं सहज...
ओह, क्या परमात्मा कहीं और है।

***

डायरी 28/5 की

कल संध्या से अचानक बड़ा आनंदित हूं
आनंद का कारण कोई आब्जेक्टिव नहीं,
सबजेक्टिव है,
मैं गौर से देखता हूं
तो अपने में इतने दोष पाता हूं
कि आश्चर्य होता है अस्तित्व ने मुझे
स्वीकार कैसे किया हुआ है,
फिर दूसरा ख्याल आता है कि
मैं कितना धार्मिक आदमी हूं कि
आत्म निरीक्षण कर लेता हूं
तभी तीसरा ख्याल आता है
कि यह तो बात गड़बड़ हो गई ।
इस तरह अपनी पीठ पर हाथ रखकर,
तसल्ली करना सिर्फ मन की करामात है
वह शुभ को भी सदा अशुभ करता रहता है
वह सीढ़ियों को भी राह के पत्थर बना लेने में
बड़ा निपुण है,
तब क्या चुप रह जाना ही मात्र उपाय है?
और सच ही, चौथा ख्याल फिर नहीं आता,
क्योंकि तब तक चुप रह जाना हो गया होता है,
जस्ट एक्ज़िस्टिंग (just existing)
और एक अजीब रहस्यलोक में प्रवेश होने लगता है,
चौखट व चहार –दीवारी सब दिखने लगते हैं
पर इस मायामयी जगत से जन्मों–जन्मों का साथ,
अतः इसके छूटने के ख्याल से भयभीत हो उठता हूं
फलतः चौखट से लौट आना हो जाता है,
लेकिन कल संध्या ऐसा ख्याल आया
कि अब रहस्य लोक में प्रवेश का लोभ छोड़ता हूं,
और अभय को उपलब्ध होने का मोह भी ....
और बस, तभी से आनंदित .... ।

***

लाचारी

कुछ शुभचिन्तक कहते हैं
तुम्हारे पास रहने को घर नहीं
यह बड़ी बेइज्जती की बात है
मैं सोचता हूं –
घर बनते हैं, फिर बिगड़ते हैं
इससे मेरी इज्जत का क्या संबंध?
पर नहीं, समझदार लोग चाहते हैं
कि चोरी करूं या घूंसखोरी
मगर घर बना लूं
ताकि इज्जतदार कहाऊं,
.....मैं अपनी लाचारी पर
हंस लेता हूं,
किसे क्या कहूं??

***

अवश

अगर प्रेम मेरे वश में होता
अर्थात् मैं प्रेम से बड़ा होता
तो अपने प्रेम की बांहें सिकोड़ लेता
कि मुझ जैसे निर्धन को
प्रेम जैसा खतरनाक रोग नहीं पालना चाहिए,
मगर आह!
प्रेम मुझसे मेरी निर्धनता से
मेरी तथाकथित जिम्मेदारियों
सब कुछ से बहुत–बहुत ज्यादा शक्तिमान है,
और उसके समक्ष समर्पण के सिवा
कुछ भी मेरे वश में नहीं ।

***

मा योग अभीप्सा (भारती) को

तेरा पत्र पाता हूं
तो मुझे भी उत्तर देना कठिन होता है
क्योंकि शब्दों के पीछे
तेरे पावन प्रेम की जो गंगा बहती है न,
वह एक और ही लोक में पहुंचा देती है,
जो शब्दों का जगत ही नहीं...........
वहां प्रेम, पीड़ा या आनंद या कुछ भी
कहना काफी नहीं है।
और, ठीक है कि जूनागढ़ से जबलपुर दूर है
पर प्रेम तो समस्त दूरियों को पाट देता है
पगली!
हां, तू जब भी स्मरण करती है
क्या मुझे सदा अपने निकट मौजूद
नहीं पाती?
तेरे उन पावन आंसुओं में क्या मैं ही नहीं बहता?
वह तेरे हृदय में जो निरंतर संगीत गूंजता है
क्या वह मेरे सिवा कुछ और है?
तू अपनी श्वासों और धड़कनों में व रोम–रोम में
जो शाश्वत गीतों को जीती है
क्या उनमें मैं ही नहीं होता?
सच, इतनी भी दूरी कहां
कि 'तू' मुझे अपना कहे......
और क्या तू इसे नहीं जानती?
मैं अब कुछ न कहूंगा,
तू अपने से ही पूछ और देख
क्या मैं ही तेरी आत्मा नहीं हूं?
क्या 'मैं' ही 'तू' नहीं हूं??

***

यकीन करना मुश्किल है

यकीन करना मुश्किल है
कि तुमको हमसे प्रेम रहा है
और यह यकीन करना और भी मुश्किल है
कि तुम अब प्रेम नहीं रखते,
भरोसा नहीं होता कि
हम तुम्हें याद हैं,
और यह भी असंभव लगता है
कि तुम हमें भूल गए ।
जो भी हो,
तुम्हें याद करता हूं तो लगता है
इस जन्म में नहीं, हम कभी पिछले जन्म में मिले थे,
आह! कितना लम्बा अंतराल ।

***

गीत

आसमान के सागर में, तिरता चंदा का थाल,
बादल की चंचल लहरें, नित उमंगे भरें उछाल ।
मुझे यहां यह दिखता है
तुमको भी दिखता होगा,
संभव है अभी, इसी क्षण,
तुम्हें यही लगता होगा,
लेकिन कैसी लीला है, हम आपस में अनजान ।।
शायद तुम्हें देखकर ही
चांद मुझे कुछ कहता है,
लाख ध्यान देता हूं, पर
नहीं समझ कुछ पड़ता है
उसकी भाषा से मेरी, है तनिक नहीं पहचान ।।

***

अपने देशवासियों से

.. सच है कि
मैं राष्ट्र–सभ्यता में विश्वास नहीं करता,
और यह भी मुझे मालूम है
कि मैं अपने बहुत से विचारों को
ज्यों का त्यों अगर व्यक्त करूं
तो तुम मुझे देश–निकाला ही दोगे
तथापि –
हे मेरे देशवासी भाइयो !
मैं यह कैसे भूल सकता हूं
कि मेरा खून, हाड़, मांस, मज्जा
सब तुम सबसे बना है,
और फिर, मैं तुम्हारे ही बीच बसता हूं
जहां तुमने अनेक बार हमारे दुखों में
हमारे साथ आंसू बहाए हैं,
हमारे उल्लास के क्षणों में
नाचा है, गाया है,
सच तो यह है, कि
तुम्हारा वह प्यार ही आज मेरी पीड़ा बन गया है
क्योंकि प्यार सर्वाधिक कर्तव्य अपने ऊपर मानता है!

***

अब

मुझे कुछ नहीं कहना –
चुप ही रहना है।
चाहे 'रक्षकगण' ''रेप'' करें अथवा
डाका डालें,
चाहे नेतागण देश को
जहन्नुम में ले जाने की योजना बनाएं,
जिसको जो समझना हो, समझे,
मुझको अब चुप ही रहना है।

***

मैं प्रथम श्रेणी ग्रेजुएट हूं

मैं प्रथम श्रेणी ग्रेजुएट हूं
काम चाहता हूं
घूस देने में अक्षम हूं सो काम कहीं मिलता नहीं,
पेट में भूख है
चार साल इंतजार किया,
अब मजबूर हूं
डाकुओं के गिरोह में शामिल हो रहा हूं,
नहीं मालूम—पकड़े जाने पर
कानून के निर्माता
कौन सा कानून लगाएंगे??

***

तलाश

मेरे पास सुविधा और साधन नहीं
मगर हृदय है,
और मैं उस हृदय को ही लेकर निकलूंगा
उनकी तलाश में
जिन्होनें मुझे प्रेम किया,
और फिर इस बड़े जहान में (कहीं) खो गए,
हां मैं निकलूंगा और उन्हें ढूंढ़ निकालूंगा
क्योंकि मेरे पास इतना बड़ा संदेश है
कि उन तक पहुंचाए बिना
शांति से कैसे मर सकूंगा
और उसे प्रेम के सिवा कौन सुनेगा,
आह! मैं काली बदली—सा कितना भर गया हूं।
मगर प्रेम के सिवा कौन मुझे खाली करेगा!!
मैं निकलूंगा उनकी तलाश में...!!

***

जीवन स्थिति

सोचता हूं
मैं इस निर्जन सुनसान पहाड़ी पर
क्यों बैठा हूं?
क्या मैं आजीवन अकेला रहूंगा?
मेरे हृदय के बसंत में कोई गुनगुनाएगा नहीं?
और पतझड़ में कोई विहाग नहीं गाएगा?
क्या मेरे भय, आशा, प्रेम, घृणा उल्लास
और हताशा के क्षणों में
कोई मेरे साथ न होगा?
मेरे हृदय की अनुभूतियों को कोई अपने
हृदय से बांटेगा नहीं?
और मेरा जीवन
यों ही एकाकी बीत जाएगा?
मगर मेरे प्रश्नों का शोरगुल
जब शांत हुआ
तो मैं पाता क्या हूं, कि पहाड़ी का हृदय,
मेरे हृदय से भी, ज्यादा तेज धड़क रहा है।
और उसका स्पष्ट स्वर मुझे सुन पड़ा –
'मैं तुम्हारे साथ हूं।'
स्वभावतः मैंने लज्जा अनुभव किया
कि पहाड़ी को जड़ समझा !

***

मैं उस देश का वासी हूं,
जहां हर एक का दावा है कि
आत्मा अमर है
पर वहां हम निरंतर डरते हैं,
मरने से पहले अनेक बार
मरते हैं!

***

अच्छा रहा

यह अच्छा ही रहा कि परमात्मा के सिवा
किसी ने मुझे प्रेम नहीं किया,
हां, किसी ने मुझे प्रेम नहीं किया
और मैं खोजता–भटकता, थका–हारा–निराश
वहां जा पहुंचा, जहां प्रभु था
सच ही, अगर जीवन में कोई प्रेम का भ्रम भी दे पाता
तो जरूर मैं वहां रूका रहता,
क्योंकि मेरे लिए प्रेम ही तो परमात्मा था
और आज भी है,
मगर प्रेम दे कौन सकता था?
क्योंकि, परमात्मा अभी गलियों में नहीं घूमते
अभी तो दुर्लभ हैं
और वही दुर्लभ मिल गए हैं मुझे,
इसीलिए कहता हूं कि,
यह अच्छा ही रहा कि दुनिया ने मुझे प्रेम
नहीं किया
और उसकी तलाश में मैं दर–दर भटका
और मारा–मारा फिरा, और अंततः खोजता–भटकता,
वहां जा पहुंचा...।

***

नैतिकता

इस देश को सेक्स विरोधी बातें करने में
महारत हासिल है।
वो कहते हैं,
सेक्स का विरोध करना नैतिकता है,
सो हम करते हैं,
रही बच्चों की
सो बच्चे हम थोड़े पैदा करते हैं,
वह तो भगवान देता है!

***

मेरा काम

रात
जब यह गांव गहन अंधकार में
खो जाता है
और सो जाते हैं लोग
मैं इस किनारे से उस किनारे तक
पूरे गांव की रखवाली करता फिरता हूं
फिर सुबह जब उठने लगते हैं इक्के–दुक्के लोग
मैं अपनी इस तंग कोठरी में
आकर उनके उज्जवल भविष्य के सपने बुनने लगता हूं
और मैं अपने सपनों में बहुत आशावादी हूं
हां, संपूर्ण अंतरिक्ष जानता है
मैं किस तरह विचारों के पंखों से उड़ता हूं
और अनंत अनंत दूरियां तय करता हूं
और फिर मुझे नहीं मालूम
कब सो जाता हूं
फिर सांझ जगता हूं तो पड़ोसियों को कहते सुनता हूं कि
''यह निहायत आलसी है दिन भर सोता है।''
रात फिर जब गांव अंधकार में
खो जाता है और सो जाते हैं लोग
मैं चुपचाप उनकी रखवाली का काम
शुरू कर देता हूं
और मुझे निश्चित मालूम है
कि मेरे सपने पूरे होने में देर नहीं
लेकिन, तब मैं अपने आलसी न होने
का सबूत देने की बजाय
अपने अकेलेपन में लीन हो जाना
पसंद करूंगा
जहां कि सिर्फ शून्य है!

***

न्याय?

वह
एक माइनर लड़की का रेप करता है,
पुलिस उसे पकड़ ले जाती है
मगर चालान करने को नहीं –
रुपये ऐंठने को
और वह पांच सौ रुपये देकर
छूट जाता है,
न्याय
न्यायालय में
न्यायाधीश के साथ
जुर्म के अभाव में
झपकियां लेता रहता है।

***

साथी की तलाश

अभी दर्द में भीगा हूं, मुझको कोई तो देखे ।।
दर्द हमारा है ऐसा, मस्ती भी जिसमें शामिल है
डूब रहा मैं जिस बस्ती में, उसमें ही तो साहिल है
अभी गीत मैं गाता हूं, मुझको कोई तो सुन ले ।।
इस पार खुदी की ज्वाला है, उस पार खुदा की है ज्वाला
मेरी ज्वाला में तो बस ज्वाला, उसकी ज्वाला में है हाला,
अभी तुम्हारा अपना हूं, मुझसे भी कोई कुछ ले ले ।।
पहुंचूगा जब 'प्रीतिनगर' में, वाणी अपनी खो दूंगा,
मेरा वापस आना मुश्किल, तुमको ही आना होगा,
अभी द्वार पर खड़ा हुआ, मुझसे कोई तो बोले ।।
मुझको तुमसे प्यार है इतना, तुम्हें छोड़ना है मुश्किल
जिस प्रीतम से आंख लगी है, उससे बचना नामुमकिन
अभी प्रतीक्षा में बैठा हूं, कोई तो साथी हो ले ।।

***

मुफ्तखोर संन्यासी

सोचता हूं
कैसी है यह दुनिया
कैसे हैं ये लोग!
कितने दिन बीत गए यों ही भटकते
मुझे काम नहीं मिलता,
क्योंकि, वे कहते हैं –– "तुम?
संन्यासी? और काम?"
जैसे कि भीख मांगना ही संन्यास हो।
और मैं नहीं मानता कि वे
जो नौकरी नहीं दे सकते, मांगने से भीख देंगे,
नहीं, तब वे उपदेश देंगे – "तुम? दूसरों पर बोझ क्यों बने हो?
देश गरीब है। कुछ काम करो।"
और ऐसा तो नहीं है कि संन्यासी को भूख नहीं लगती,
फिर ऐसा भी तो नहीं कि संन्यासी चोरी करेगा
तो वे उसे छोड़ देंगे (वह खुद नहीं छोड़ेगा अपने को, यह बात और है)
नहीं, तब वे महागुरु बन जाएंगे
और बड़ी हीनदृष्टि से देखेंगे और कहेंगे –
"संन्यासी? और चोरी?"
फिर क्या पृथ्वी से "संन्यास" समाप्त करना चाहते हैं?
नहीं, शायद नहीं, वे तो कुछ सोचते ही नहीं ।

***

ओशो–रस

तुमने मुझे
एक ऐसे रस से भर दिया है
कि राह चलते लोग भी
मेरी ओर मुहब्बत से देखते हैं
और अनेक लोग तो
आकर मेरा हाथ चूम जाते हैं।

***

इंसाफ

जब से मैंने देखा कि
मोहन ने सोहन की हत्या की
लेकिन राजनेता व पुलिस की साजिश से
दुर्योधन को फंसा दिया,
उसके खिलाफ गवाहियां भी जुटा दी गई
और मुकदमा उसके खिलाफ गया,
तब से मैंने आशा ही छोड़ दी, कि
इस दुनिया में कहीं भी किसी को
मिल सकता है!!

***

पाखण्ड

मैं सिद्ध पुरुषों को प्रेम करता हूं
असिद्धों को और भी अधिक प्रेम करता हूं
मगर बीच वाले
जो कि होते तो हैं असिद्ध और बोलने लगते हैं सिद्ध की भाषा
उनसे कोई ताल नहीं मिला पाता,
और कोई जब मेरी योग्यता से अधिक
मेरा सम्मान करने लगता है
मैं घबराता हूं
क्योंकि यह या तो मेरे गिरने की प्रक्रिया होती है
और या फिर गिरा दिए जाने की ।
मैं संत नहीं, यह जानता हूं
मगर उतना सस्ता नहीं होना चाहता
जितना हो जाता हूं
क्योंकि मेरा सस्ता होना
मुझे तो कोई लाभ नहीं पहुंचा पाता
उनका अनायास नुकसान हो जाता है।

***

योग

मेरे भीतर परमात्मा की कोई ऐसी किरण है
जो पाप में गिरा–गिराकर
निरंतर मुझे पवित्र करती रहती है,
और नीचे खाइयों में ढकेल–ढकेल
नित मुझे ऊंचाइयों पर खींचती रहती है
और अब तो इतने जुड़ गए हैं ये दोनों छोर
कि कठिन है कह पाना
कि मैं पापी हूं
अथवा परमात्मा?

***

धन्यता

पीत वस्त्र पहने धूप का एक टुकड़ा,
पूरब की खिड़की से आया, अंधियारा खो गया ।
शीतल–सा हवा का एक गुच्छा कक्ष में घुसा –
जीवन दे गया !
नशे में डूबी
आम्र बौरों से फूटी गंध नासापुट में समाई
पागल बना गई!
अर्से बाद प्रिय ने की याद
प्यार ने ली अंगड़ाई, प्राण धन्य हो गए ।
गुरु के रूप में प्रभु का संस्पर्श
जादू कर गया, मैं कहीं का न रह गया!

***

एक मित्र के नाम

ऐ मेरे दोस्त,
तुम्हारा खत हाथ में आते ही आंसू लगे झरने
बिना यह देखे कि उसमें लिखा क्या है,
और खत को रख दिया कुछ दूर
ताकि मिट न जाए मज़मून,
फिर जब कुछ संभला, तो खत पढ़ा –
लेकिन रुक–रुक कर, क्योंकि बीच–बीच में आंसू रहे बहते,
और रहा मुझे लगता, कि मैं होता जा रहा हूं
एक मुहब्बत में गिरफ्तार –
एक ऐसी मुहब्बत जो गिरफ्तार करके भी गिरफ्त में नहीं रखती,
एक ऐसी मुहब्बत जो मारकर ही जिंदा करती है,
एक ऐसी मुहब्बत जो समझ में न आकर भी
खोलती हुई लगती है जिंदगी का राज़
नहीं मालूम माजरा क्या है कि
झांकता हूं खुद के भीतर
तो पाता हूं सिर्फ अहंकार,
फिर भी क्यों आखिर लोग करते हैं मुझको प्यार!
आह री मुहब्बत! आह तेरे अंदाज!!
जितना खुलता है, उतना ही पोशीदा होता जाता है तेरा राज!!

***

कार्तिक पूर्णिमा

आज पूनम है
चांदनी छिटकी है दूर–दूर
लोग नहा रहे हैं भरपूर
मस्त हो रहे हैं पी–पी रूप
आ रही हैं आवाजें मस्ती की छन–छन,
लेकिन अगर हमने बंद ही कर रखे
अपने द्वार और खिड़कियां
तो वह दरवाजे–खिड़कियां तोड़कर
नहला नहीं सकती हमें।

***

वह माली

एक बीज नन्हा–सा
पड़ा रहा युगों तक अनदेखा, अनजाना
कहीं किसी शिला पर,
भीतर अंकुरित होने की अभीप्सा से भरा
किन्तु असहाय!
हां, पत्थर को मिट्टी वह बना नहीं सकता था
और स्वयं उठकर मिट्टी तक
जा नहीं सकता था,
यों ही दिन कट रहे थे
कि सुन ली गई उसके प्राणों की पुकार,
पड़ गई उस पर एक माली की नज़र,
वह उसे ले गया उठा
ठीक भूमि दी उसने
साज–संभाल की,
एक दिन देखा सबने
फूटा उसमें अंकुर अभिनव
जीवन से छलकता, उमगता
बढ़कर बना वह वृक्ष, अब मैं देख रहा हूं उसे खड़ा
बसंत के स्वागतार्थ
खिलने को आकुल तत्पर
किसी भी क्षण पलक झपकते में
वह खिल उठेगा और तब माली के आनंद का पारावार..!
ओह!
एहसास मात्र से मैं रो पड़ता हूं।।
और मैं यह क्या देखता हूं
मेरे आंसुओं के साथ
खिल आए हैं फूल और मदमाती गंध
पागल हवाओं पर सवार
चहुं दिशि छिटक गई है,
अनंत नासापुटों तक पहुंची जा रही है
और अंधे मिला रहे हैं सूरज से आंख

लंगड़े कर रहे हैं तीर्थ–यात्रा
नास्तिक हो रहे हैं बुद्ध !
बुद्ध ही बुद्ध दिख रहे हैं!!
और वह माली बैठा है शांत गद्‌गद...
मानो कह रहा है –
"तुम खिले
मैं भी धन्य हुआ ।"

***

हवा

हवा ही नहीं छूती मुझको मैं भी छूता हूं हवा को!
सांझ के धुंधलके में निकलता जब मैं गली में
हवा खड़ी मिलती गुप–चुप सी राह तकते,
देखते ही मुझको सिमट जाती
मैं भी लरज जाता
हालांकि वह मेरी राह में जानकर खड़ी होती और
मैं भी जानकर जाता कि वह मिलेगी
पर कैसा अनजाना संकोच!
अनचीन्हा भय!! कि मिलकर भी नहीं मिलते!!
हवा कभी तो उठ मेरे कक्ष तक आ जाती
दीवाल से सटकर खड़ी हो
मानो मेरे अहसासों को महसूसती,
और पा मुझे विचारग्रस्त
दबे पांव लौट जाती, क्षण भर बाद –
विचारों की थकान से सांस लेने,
मैं खुले में निकलता और हवा को निरखता...
वह जा चुकी होती दूर... दूर ....
अज्ञात लोक में अनिश्चित काल के लिए ।
हालांकि मैं ही नहीं तरसता हवा को
हवा भी तरसती है मुझको !

***

प्रेम की पवित्रता

अपने प्रेम की पवित्रता किसी की मूढ़तापूर्ण
शर्त मान हम खुद ही कैसे नष्ट होने दे सकते हैं!!
जिस प्रेम ने हमें पंख दिए
और अकल्पनीय ऊंचाइयां दी
उसकी निंदा, उसका तिरस्कार
क्या हम सह सकते हैं?
– कैसे सह सकते हैं!
उनकी मानकर हम गिरें
इससे अच्छा होगा हम दूर–दूर रहें,
पर ऊंचाइयों पर ही वास करें,
हो सकता है कभी वे समझें,
और उन्हें भी पंख लगें।

***

वह

मैं अर्से से किसी के इंतजार में खड़ा हूं
जिसके हाथ में हाथ डाल बाहर निकलूं
मुक्त आकाश में उड़ूं और अंततः उसकी बाहों में
खो जाऊं–सदा–सर्वदा के लिए ।
हां, मैं किसी के इंतजार में हूं
पर यह नहीं मालूम कि किसके इंतजार में हूं?
और कब तक यों खड़ा रहूंगा?
और उसे भी इस सब की खबर है?
कौन जाने वह कहां होगा?
कैसा होगा?
और वह भी क्या यों ही आतुर होगा मेरे लिए?

***

न्याय

शायद मैं एक मामूली आदमी हूं,
मेरी कौन सुनेगा?
फिर भी, अपनी बात लोगों तक
पहुंचाना चाहता हूं –
"कि मृत्यु दंड जैसी बेहूदी
प्रथाएं बंद हों, अन्यथा तुम जिया–उल हक हो
या कोर्ट–कचहरी–कानून,
तुम्हें हत्यारा ही कहा जाएगा
हत्या–हत्या में फर्क क्या है?
सिवा इसके कि कोई एक पागल
क्षणिक पागलपन में किसी की हत्या कर देता है,
और तुम –जो कि अपने को सभ्य,
न्यायपूर्ण व जाने क्या–क्या कहते हो,
सबके सब मिलकर खूब सोच–समझकर
बड़े सुनियोजित ढंग से हत्याएं करते हो
और उसे नाम देते हो – न्याय!
मैं नहीं समझ पाता किसी की हत्या
न्याय कैसे हो सकती है!!"

***

लोकतंत्र का मज़ाक

लोकतंत्र का
यह एक बड़े से बड़ा मज़ाक है
कि चांटा किसी और ने मारा
मैं सिर्फ एक गवाह था
पर एक तानाशाह ने
चांटा मारने का आरोप
मुझ पर लगाया और बिना किसी जांच पड़ताल के
फांसी की सजा सुना दी
आह! हत्यारे कहां–कहां छुपे हैं !!

***

मुझे कहने दो कि

मुझे कहने दो कि मैं हार गया और
जीवन भर के उसूलों की बलि दे दी
क्योंकि मैंने देख लिया, हां देख लिया कि
उसूल कहने–सुनने के लिए होते हैं, जीने के लिए नहीं
आंखिर हर सरकारी दफ्तर में "घूस लेना अपराध है",
और सरकारी दफ्तर जैसे घूस लेने के लिए ही है।
और हर देश अगर 'शांति प्रिय' है तो बमों की होड़ क्यों?
हर 'सत्यमेव जयते' के तले है
असत्य का व्यापार,
हां, मैंने उसूलों की बलि दे दी है,
अब खुले आम घूंस लेता हूं – घूंस देता हूं
क्योंकि अब यही है एकमात्र जन्मसिद्ध अधिकार,
क्या राजा क्या प्रजा –
(यह) सब को एकमतेन स्वीकार है
कायदे–कानून इसी से बनते–बिगड़ते हैं,
कानूनदां भी इससे ही पलते हैं,
हम चरित्र लाएं भी कहां से?
जब हमारे देवी–देवता तक पे
नारियल चढ़ते हैं।

***

अनिश्चितता

कितना अनिश्चित!
कितना अदृश्य!!
कितना अज्ञात !!!
हर व्यक्तित्व...
हर पल...
हर कण ...
फिर ये घिरे घन –
कैसे समझूं
बरसेंगे ही ।

***

मेरे गीत

आज फिर मैंने तुम्हारे लिए एक गीत लिखना चाहा,
मगर लिखा नहीं और स्यात् भविष्य में भी न लिखूं
क्येांकि अब मुझे लगता है, कि
गीत–गीत लिख
प्रेम की गहनता को मैं कम करता रहा हूं
हां, अब उसे पूरी सघनता में जीना चाहता हूं
और उसके गहरे–गुह्यतम रहस्यों में डूबना–बस डूबते चले जाना...
जब तक कि मैं निःशेष न हो जाऊं?
हां, अब मैं शायद भविष्य में
कभी गीत न लिख सकूंगा तथापि, मेरे गीतों का कोई प्रेमी
उन्हें पढ़ना ही चाहे
तो अपनी धड़कनों में पढ़ सकेगा,
अपनी सांसों में उन्हें गा सकेगा
और अस्तित्व के कण–कण में
उनकी गूंज सुन सकेगा!
सच ही, मेरे न लिखने से
मेरे गीत समाप्त न होंगे, वरन्
मेरे न लिखने से ही –
उन स्वरों का जन्म होगा जो कभी समाप्त न होंगे,
यद्यपि कि उन्हें पढ़ने–सुनने व गाने वालों की कमी रहेगी!
सदा कमी रहेगी !!

***

तुम

कुछ लोग होते हैं
जिनके पास होकर जीवन अर्थ पाता है
जिनके बगैर अर्थ खो जाता है
ऐसे ही मेरे लिए तुम हो!

***

आज बेचैन हूं

नहीं मालूम क्या खोने या पाने को!
कौन जाने, वह पाहुना कहां है
जिससे मिलकर
मेरे हृदय की ज्वाला शीतल होगी
और मैं तृप्त होऊंगा ।
क्या वह भी मेरे लिए बेकल होगा?
फिर कब तक वह
अवगुंठन में छुपा रहेगा?
क्यों नहीं प्रगट होता कि
मुझे अपने अंक में भर ले
सद–सदा के लिए!
कौन है जो मेरे इन
व्यर्थ से लगते प्रश्नों को हल करे?
आज बेचैन हूं
नहीं मालूम.........!

***

हवा

जब मेरी त्वचा को स्पर्श करती है
मैं एक ऐसे काव्य का अनुभव करता हूं
जिसे कभी व्यक्त न कर सकूंगा ।
फूल का रूप
जब आंखों से होकर
मेरे हृदय को स्पंदित करता है
और उसकी गंध
जब नासिका–रंध्र को पारकर
मेरी आत्मा को मदहोश करने लगती है
मैं उस क्षण
क्सि अनिवर्चनीय रस का अनुभव करता हूं
कभी किसी को बता न पाऊंगा ।

***

एक प्रेमी को

आज तेरा पत्र मिला
तो एक नए ही जीवन का संचार हुआ,
इस जीवन में वस्तुतः मैं 'जिया' ही तब हूं
जब कहीं से प्रेम की फुहार आई है
और उस क्षण
मैं अपने में नहीं रहा हूं –
वही मुझमें रहा है
तथापि यह प्रेम मेरे लिए आज भी एक रहस्य की भांति है
कि इसका स्वाद तो लगता है
मगर उसे जान नहीं पाता हूं
आषाढ़ी रस में लसी–भीगी बयार
हौले–हौले आकर मेरे कानों में
जाने क्या कह जाती है
कि मेरी सुध–बुध खो जाती है
और मैं एक रहस्य–लोक में प्रविष्ट हो जाता हूं,
कोई मेरी मदद करे
हां, कोई मुझे बताए कि प्रेम क्या है?
जिसके बगैर मैं जीवित नहीं अनुभव करता
और जिसके अनुभव के साथ
मैं बिना पंखों अनंत–अनंत ऊंचाइयों पर उड़ता हूं
और नित नवीन रहता हूं।

***

एक निवेदन

तुम फिर
उस ढंग के पत्र न लिखो
जो मुझे उन ऊंचाइयों पर
ले जाते हैं,
जहां से छूटने पर
सिर्फ चकनाचूर होना होता है!

***

प्रेम गीत

मैं तुम्हें प्रेम नहीं करती हूं
हां, शायद मैं प्रेम नहीं करती हूं तुमको
पर जाने क्यों,
तुम्हारा जब कोई नाम भी ले लेता है
सांसें मेरी थम जाती है,
और हृदय की धड़कन–धड़कन
एक ऐसे एहसास से भर जाती है
जिसे कह पाना मुश्किल है,
और दिल का कोना–कोना एक अजीब
बेसब्री महसूस करता है।
हां, मैं तुम्हें प्रेम नहीं करती शायद
पर नहीं जानती क्यों
अक्सर मेरे पांव मेरे वश में नहीं होते
और मुझे बार–बार ले जाकर
उसी जगह खड़ा कर देते हैं, जहां तुम मिले थे।
हां, कहने को तो मैं प्रेम नहीं करती हूं तुम्हें
पर जाने यह क्या है कि
जब कुछ मुझे बहुत अच्छा लगता है
चाहे कोई दृश्य, चाहे गंध या गीत–संगीत या कुछ भी
तब तुम और केवल तुम याद आते हो
यहां तक कि मैं तुमसे ही भर जाती हूं।
हां,
कौन जाने यह प्रेम है या कुछ और
कि जब वह गीत कहीं सुनती हूं
जिसको तुमने गाया था उस दिन
मेरे आंसू रुकने का नाम नहीं लेते,
और आजकल तो अक्सर लोग मुझे पूछते हैं
कि क्यों तुम्हारा नाम आते ही
मैं चुप हो जाया करती हूं और
मेरी आंखें बंद हो जाती हैं!

***

सम्बोधि (पत्नी) को पत्र

सम्बोधि,
वही सुबह
जो हमेशा ताजा हवा के साथ
अमृत बरसाती थी,
आज तेरी याद के साथ
उदास है।
पक्षियों के गीत आज कम भाते हैं।
वे गाते भी कम हैं।
हवा ठहरी–ठहरी है,
धूप ज्यादा तीखी लगती है।
सोचता हूं
तू क्या कर रही होगी,
ठीक इस वक्त जबकि मैं तुझे
याद कर रहा हूं,
क्या तू भी मुझे याद कर रही होगी
या प्यारे–प्यारे बच्चों के लिए
नाश्ता बनाने में लगी होगी?
मेरा जी करता है
उड़कर चुपके से तेरी रसोई में
आ जाऊं
और तुझे चौंका दूं।
अच्छा, सच बता
अभी तेरी गोद में अचानक प्रकट हो जाऊं
तो तू चौंकेगी या नहीं?
और तू कैसे मानेगी कि इस समय
मेरा सिर तेरी गोद में ही है
और तेरी उंगलियां मेरे बालों में।
सुबह फिर अमृतमयी हो चली है,
पक्षी फिर गाने लगे हैं गीत,
हवा फिर बहने लगी है
और धूप फिर कोमल हो चली है।

सोचता हूं
यह जीवन कितना बड़ा रहस्य है
कि तू वहां है
मैं यहां
फिर भी तू कितना पास है।
यह क्या?
आंखों में मोती उभर आए तेरे?
आ, पास आ,
तेरे आंसुओं को चूम लूं,
तेरे आंसुओं की छांव में ही तो
मेरी संवेदना गहराती गई है,
गहराती गई है।
काश! कोई मेरे हृदय को देखे
तो जाने कि मैं किस कदर एक–एक का
दीवाना हूं!

***

मैं

धड़कते दिल से
तुम्हारी ओर बढ़ता हूं।
न मेरे आनंद का किसी को पता है
न मेरे दुख का किसी को अंदाज,
सारा शहर परिचित है
तथापि
मैं एक अजनबी की तरह हूं,
कितनों ने प्रेम दिया
इस नन्हें जीवन में,
पर मेरा एकाकीपन
मिटने के बजाय
बढ़ता गया है।
मैं धड़कते दिल से ......

***

काठ के उल्लू

ऊंचे बैठा
जब कोई काठ का उल्लू
मुझे आंख से सुनने व कान से देखने को कहता
मैं उसे एक शिष्ट व विनम्र व्यक्ति की तरह
समझाने की चेष्टा करता –
''महोदय, आंख देखने के लिए होती है,
कान सुनने के लिए,
मगर तब वह जोर से कहता–
''मुझे उससे मतलब नहीं कि क्या किसके लिए है,
मैं तुम्हें जो कहता हूं, वह तुम करो''
मैं कहता–
''कान से देखना संभव नहीं और न आंख से सुनना''
उल्लू क्रोधित हो पैर पटकता
चला जाता, धमकाता कि
वह मुझे देखना व सुनना सिखा देगा,
साथ वाले कहते
''तुम्हें उल्लुओं के साथ व्यवहार करना न आया,
अरे, पहले जो हुक्म मिले, उसको हां करो
बाद में जो कहना हो, कहो
तुम्हें मालूम नहीं, कि उल्लू जो कहें
उसका पालन करना अपना काम है,
सही–गलत का प्रश्न उठाना उनका अपमान है।''

***

स्थिति

गांव के एक हिस्से में आग लगी है
और दूसरे में लोग ताश खेल रहे हैं
जलते–मरते लोगों की चीत्कारें
पास वाले मंदिर तक पहुंच रही हैं
पर वहां अभी भक्तगण पूजा में लगे हैं!
गांव का प्रधान व सरपंच सभी
एक सौदा पटाने में व्यस्त हैं
जिससे घूंस की लम्बी रकम
हाथ लगेगी,
आग फैल रही है, फैलती जा रही है.........
कुछ लोग एकदम बगल से गुजरते हैं
पर उन्हें फुरसत नहीं
हां, वे नेता हैं
एक सभा में सूखा राहत पर
भाषण देने जा रहे हैं!

***

निर्णायक मंडल का करिश्मा

हिन्दी दिवस पर भाषण–प्रतियोगिता
विषय : 'बालकों की नैतिक शिक्षा से ही देश का उद्धार'
लेकिन निर्णायक मंडल था ईमानदार,
और या फिर समझदार !
क्योंकि प्रथम पुरस्कार उसको मिला
जो प्रतियोगिता में शामिल न था,
द्वितीय उसको जिसने सर्वाधिक
अंग्रेजी शब्द प्रयोग किए थे,
और तृतीय का निर्णय नहीं हो सका
क्योंकि दो निर्णायकों के भतीजे
प्रतियोगी थे।

***

ताज : एक आत्मकथ्य

ज्यादातर लोग आते हैं
और चले जाते हैं ऊपर–ऊपर देख
कि अच्छी कलाकृति है,
हां, यह कम लोग ज़ानते हैं कि
अब मैं पत्थर नहीं –
मेरे भी भीतर दिल पैदा हो गया है
लोगों के जज़्बात पी–पी
अब मैं सिर्फ मुमताज की यादगार नहीं
वरन् यादें ही यादें संजाए हूं उन सब की
जो दूर–दूर से मुंझे देखने आए–
जिनमें बेशुमार तो आज मौजूद भी नहीं
जिन्होंने मुझे ऊपर से देखा
उनके भी मैंने भीतर के गीत सुने,
यह कम लोगों को पता है कि
मेरे इर्द–गिर्द बैठे–खड़े लोग
जब मेरी ओर मुहब्बत की नज़र डालते हैं
चांदनी मुझे ज्यादा ही खूबसूरत लगने लगती है
और मैं एक ऐसे कैफ़ से भर जाता हूं
जिसका बयान असंभव है!!
सच, यह कम लोगों को पता है कि
हर देखने वाले ने मुझे जीवन दिया है
और अब मैं एक ऐसा संगीत हूं
जो बजता रहता है निरंतर,
मगर ध्वनि जिसकी मद्धिम है,
और जिसे केवल गहरे मौन में
सुना जा सकता है !!

***

क्या करें बेकार?

मां–बाप ने मुश्किल से ग्रेजुएट करवाया,
काम–काज कहीं मिलता नहीं,
एक जूता था,
रोजगार कार्यालय जा–जाकर
वह भी घिस गया,
सरकार अभी इतनी समझदार नहीं
कि ''इंडियन पैनल कोड'' में एक धारा और जुड़वाए कि
अगर कोई पढ़ा–लिखा बेकार
भूखमरी से बचने के लिए
चोरी, जेबकटी या हत्यारहित डकैती करता है
तो अपराध श्रेणी में न माना जाए
अतः बचता है सिर्फ एक उपाय
शादी करो, दहेज लो
मगर लोग उसमें भी चिल्ल–पों मचा रहे हैं,
आखिर क्या करें
पढ़े–लिखे बेकार?

***

कल और आज

कल और आज में
कितना अंतर है,
कल इतने वक्त तुम्हारे साथ था,
आज अकेला हूं।
कोई–कोई क्षण
इतना असहनीय हो जाता है कि
लगता है अभी चल दूं तुम्हारे पास ...
किसी भी तरह का दर्द हो
तुम्हारे निकट राहत महसूस करता हूं!

***

नेताजी

नेताजी
शराबबंदी पर भाषण देते हुए
बोले :
"शराब आपकी दुश्मन है
शराब त्याग दीजिए"
इतना कहते–कहते
वो गिर पड़े
लोग दौड़े
चिकित्सक ले आए
जिसने जांच कर कहा
"ज्यादा पी गए हैं!"

***

एक व्यंग्य

यह देश
दुनिया का गुरु है,
क्या हुआ
अगर यहां हर जगह
हर चीज के लिए घूस देना पड़ता है।
हां, क्या हुआ अगर आबादी बढ़ रही है
हम सेक्स के विरोध में भाषण तो देते हैं।
क्या हुआ अगर भाई–भाई का वध करता है
विश्व–बंधुत्व हमारा सिद्धांत तो है।
आज सब गड़्ड मड़्ड है तो क्या
हमारे पास स्वर्ण युग का इतिहास तों है।

***

चेतावनी

1 मई 83 का धर्मयुग,
सर्वेश्वर दयाल सक्सेना की कविता,
हार्दिक धन्यवाद!
वाऽह! वाऽह! बहुत खूब!
अर्से से इतनी सुंदर रचना
न मिली थी पढ़ने को
जो रक्त संचार में कुछ फर्क डालती हो!

मगर एक बात मुझे जरूर कहनी है
कि जैसे 'देश कागज पर बना नक्शा नहीं – होता'
वैसे अच्छी से अच्छी कविता भी
वस्तुतः कोई क्रांति नहीं ला पाती,
बहुत थोंड़े से लोगों पर
बहुत थोड़ा सा असर होता हो, तो होता हो,
मगर आदमी के अस्तित्व पर छाए चौतरफा संकट
एवं खतरे के समक्ष
वह बेमानी है, अर्थहीन है,
बीमारी इतनी बढ़ चुकी है
कि अब उतनी देर रुकने का समय कहां?

सुनो –
एक बार एक साम्प्रदायिक दंगे की शिकार
एक रूह
मेरे कक्ष में आकर
उस समय खड़ी हो गई
जब मैं इंसानी दरिन्दगी से आहत लाचार
अपना दर्द कविता के माध्यम से
कागज पर रहा था उतार,
और कहा उसनेः
"अगर सचमुच तुम्हें दर्द है
आदमी की हालत से,

उसके सिर पर मंडराते खतरे
अगर वाकई करते हों नींद तुम्हारी हराम,
इंसानियत की कराह
तुम्हारे कानों तक पहुंचती है, और
तुम्हारे आदमीपन को है ललकारती–
अगर यह सच है
तो अब कविताएं लिखना बंद करो
फुरसत में लिख लेना उन्हें,
आज के संदर्भ में –
जबकि सारी मनुष्यता के लिए
चंद पागल राजनीतिज्ञ बुन रहे हों जाल,
धर्म (तक) के नाम पर
प्रेम नहीं, घृणा फैलाते हों
धर्म के ठेकेदार–
तुम्हारा दायित्व बहुत बढ़ गया है।
तुम समाज की अगली पंक्ति के आदमी हो,
तुम्हीं से की जा सकती है उम्मीद,
किसिम–किसिम के नेताओं से
आदमी बहुत दुख पा लिया,
अब इनके चंगुल से मुक्त करो उसको
राज्य स्तर पर मीटिंग बुलाओ
फिर राष्ट्र स्तर पर,
और होने दो विचार,
निकलने दो निदान हर समस्या का
और प्रकाशित होने दो तमाम पत्र पत्रिकाओं में,
जुलूस भी निकालो अपनी बात कहने को,
इस तरह जनमानस को जगाओ
जनमत तैयार करो,
और धीरे–धीरे जाने दो यह आंदोलन
सीमाओं के पार,
सारी दुनिया में मच जाने दो
एक वैश्विक हलचल

तभी शायद बचाई जा सके पृथ्वी,
मगर यदि तुम यों ही कोठरी में पड़े–पड़े
कविताएं लिखते रहे
और मुंह बाये दानव ने
इंसान को जबड़ों में लिया भींच,
तब कुछ न होगा
हो चुकी होगी बहुत देर
और तब शायद तुम्हारी आत्मा
तुम्हें कर न सके माफ
क्योंकि तुम्हें बहुत कुछ दिखता था,
तुम अगली पंक्ति में खड़े थे,
तुम बहुत कुछ कर सकते थे
मगर तुमने कुछ न किया,
सिर्फ कविताएं करते रहे !!"

***

कहां है मेरा देश?

अर्से से ढूंढ़ रहा हूं
कहां है मेरा देश?
जहां मेरे अपने लोग हों,
जहां घर बैठे या राह चलते
रहना न पड़े सावधान,
जहां सरकारी वर्दी में
घूमते न हों ठग
जहां कोई किसी का मालिक न हो,
न कोई किसी का दास
जहां सभी मित्रवत् हों।

***

बड़ा काम

इस समय
हमारे यहां बड़ा काम
हो रहा है,
कोई पदयात्रा कर रहा है
कोई आमरण अनशन
कोई भाषण दे रहा है,
कोई चुनाव खर्च हेतु
कर रहा है पैसों की उगाही
कोई बांट रहा है जन–जन को आश्वासन,
कोई कर रहा है मूत्रालय की सफाई,
कोई घूस लेते रंगे हाथों
पकड़ा जा रहा है
तो कोई घूस देकर
हो रहा है, घूस लेने के जुर्म से मुक्त
हां, इस समय हमारे यहां बड़ा
काम हो रहा है।

***

सम्राट

मैं एक सम्राट हूं
जो मूर्खों के बीच
गुलाम की तरह रह रहा हूं
हां, मैंने अपने सम्राट स्वरूप को पहचाना है
और एक बार अपनी बादशाहत जान लेने के बाद
गुलाम की भांति कोई रहे
तो भी कोई फर्क नहीं पड़ता,
वह गुलामी के वस्त्र में भी बादशाह है।
हां मैं एक सम्राट हूं
जो मूर्खों के बीच
गुलाम की तरह रह रहा हूं ।।

***

प्रश्नान्तक:संदर्भ हैदराबाद साम्प्रदायिक संघर्ष

आज फिर
हजरत जख्मी हुए हैं,
कृष्ण की कराह फिर सुन पड़ी है,
सारे पीर–पैगम्बर–अवतार आंसू बहा रहे हैं
कि क्या हमने उपदेश न दिया होता
तो ही बेहतर होता?
क्योंकि उपदेश पर अमल तो कोई करता नहीं
हां, उनके लिए खून जरूर बहाते हैं,
आखिर आदमी कब तक बनाता रहेगा
दवा को जहर?
वह कब समझेगा कि गीता, बाइबिल, कुरान
मंदिर, मस्जिद, गिरजा से ज्यादा
मूल्यवान है आदमी
क्या हुआ अगर कोई पागल
मंदिर तोड़ जाता है,
हम फिर बना लेंगे,
क्या बिगड़ता है अगर कोई
नासमझ
मस्जिद गिरा जाता है
हम फिर खड़ी कर लेंगे –
मगर आदमी को नहीं मारेंगे,
और सच तो यह है कि
अगर हम प्रतिक्रिया न करें
तो बहुत मुमकिन है
मंदिर, मस्जिद गिराने वाला
माफी मांगे
और दूसरा खुद बनाए ।
सोचता हूं
कहां गए महाकवि इकबाल के

वसीयतदार
जिसने अनुभव किया कि
'लहू खुर्शीद से टपके
अगर ज़र्रे का दिल चीरो,'
और कहां गए ऋषिमुनियों के वंशज
जो 'वसुधैव कुटुम्बकम्' का स्वप्न देखते रहे?

***

पाबंदियां

नहीं,
मैं इस भांति मरना नहीं चाहता,
मेरी छाती में बहुत घाव हैं,
जतन से जीने पर
उन घावों में फूल लगे,
मगर अब
उन फूलों को भी जख़्मी कर दिया गया है,
जिनसे लहू टपक रहा है,
आज भी टपक रहा है,
हां मेरे सिर पर बहुत बोझ है
कैसे चल पाऊंगा
जब तक हल्का न होऊं
जब तक सब कह न लूं
जो कहना है !!
मगर आह!
कहने पर पाबंदियां हैं
यह कितना अजीब है कि
अभिव्यक्ति की स्वतंत्रता है
मगर कहने पर पाबंदियां हैं !!

***

एक ख्याल

रात के बारह बजने को है
सत्रह नवम्बर तिरासी
अठारह नवंबर के मुखातिब है,
पर अभी, मिलने के साथ
बिछड़ना शुरू हो जाएगा सदा–सदा के लिए!
लेकिन
लेकिन तभी
ख्याल आता है कि
कहां कोई तारीख है?
कहां कोई साल?
और कहां कुछ बजता है?
समय तो एक निरंतरता है
अविच्छिन्न....!
फिर कौन किससे दूर है, कौन किससे भिन्न !!

***

नेता का भ्रम

प्रजातंत्र के अपने दुख हैं
कि रेलमंत्री
प्लेटफार्म पर पान बिकना
बंद नहीं करवा पाता,
न प्रधानमंत्री
भिखमंगों द्वारा बच्चे पैदा करना,
देश चलता चला जाता है
जहां जाना चाहता है
नेता को भ्रम बना रहता है
कि देश को वह चला रहा है
कि देश 21वीं सदी में जा रहा है।

***

यह देश

यह देश उठ भी सकता है,
हां, उठ सकता है यह देश!
अगर अपना पाखंड भरा पुराणपंथी मार्ग छोड़ दे
आज दुनिया कहां पहुंच गई
और यहां धर्मगुरु अभी भी
वर्ण व्यवस्था का ढोल पीट रहे हैं
और बड़े–बड़े नेता व बुद्धिजीवी
उनका आशीर्वाद पाने को
घुटने टेक रहे हैं।
यह कितना अजीब है कि
यहां फिल्मों में बेशुमार भीड़ होती है
जहां नायक–नायिका को बड़ी वाह–वाही
मिलती है, और
खलनायक को गालियां,
मगर जीवन में सभी
खलनायक–सा व्यवहार करते हैं।
सती प्रथा कानूनन अपराध है
पर कोई जबरदस्ती भी सती
बना दी जाए
तो बड़े–बड़े सरकारी अफसर व
समाज सेवी
परिक्रमाएं करने पहुंच जाते हैं।
इन दोहरे जीवन–मूल्यों को त्यागना होगा
और तय करनी होगी एक बात
या तो वर्ण–व्यवस्था सही या गलत,
या प्रेम सही
या गलत,
सती होना अपराध या गौरवयुक्त?

क्योंकि दोनों एक साथ सही नहीं हो सकते।
इसे एक–एक व्यक्ति को
समझना होगा, कि
न कभी दो नावों पर एक साथ यात्रा हुई है,
न होगी,
न हो सकती है !!

***

समय

इतना इंतजार करवाने के बाद भी
चौदह दिसम्बर अभी भी कितनी दूर है –
जिस दिन तुम्हारे यहां आने के लिए चलूंगा !
समय क्या हमारी प्रणय–लीला देखने को
ठहर गया है?
या रुक कर हमारे इन प्रेम–पत्रों को पढ़ने
के मज़े ले रहा है?
या उसको ईर्ष्या है हमारे प्रेम से?
पर नहीं, समय को ईर्ष्या क्यों होगी?
समय ही तो है जिसने हमें मिलाया है!
और जिसने हमें अपने उस पंख पर बैठा लिया है
जिसे प्रेम कहते हैं,
हां, समय ही है जिसने हमें बैठे–बिठाए
प्रेम की पीड़ा का आनंद दिया है,
हां, यह समय ही है जिसने प्रेम के
आनंद की पीड़ा में हमें प्रतिष्ठित किया है
तो फिर
यह समय क्यों ठहर गया है?
यह हमारे मिलने पर भी तो ठहर सकता था !

***

राहत

इतने अर्से तक
आपके खत न मिलें तो
जीने में तकलीफ महसूस करता हूं,
दिल की धड़कन
लय छोड़ने लगती है,
तब उस तकलीफ को मिटाता हूं
एक और खत लिखकर,
क्योंकि अपने खत, खत तो नहीं
वे सीधी बात–चीत हैं,
फिर आप बोलें मैं सुनूं
या मैं बोलू, आप सुनें
दोनों का मजा एक है
अतः लिखकर यह खत
महसूस कर रहा हूं राहत
और जीने लगा हूं फिर ।

***

तलाश

मैं दुखी नहीं
परेशान हूं – सताया हुआ हूं
मुझे प्रकृति और परमात्मा से कोई शिकायत नहीं
मैं आदमी की पशुता का शिकार हूं,
मैं निराश नहीं,
सिर्फ हताश हूं
मैं आदमी की तलाश में हूं
जहां आदमी आदमी हो,
भेड़िया नहीं !

***

अलविदा

इक दोस्त आज चला गया
न बताया, न बुलाया कि
'मिल लो,
फिर न मिलेंगे,
यह कैसी मजबूरी
कि दोस्तों – नजदीकियों से
अलविदा भी न कहा
और चला गया ।
और अब इतनी दूरी है
कि न एक दूसरे को देख सकते,
न बात कर सकते !!

***

(एक मित्र के 7 बजे शाम देहत्याग का समाचार टेलीफोन द्वारा रात 10 बजे पाने पर)

एक स्थिति

कभी आनंद की अधिकता
जान लेने लगती है
तो कभी दुख . . .
जिनके पास होने पर जीवन
लय में चल सकता है
वो दूर बसते हैं
आह!
मैं अपने से भी हारा हूं
और उनसे भी!

***

रजनीशी दर्दःसंदर्भ पंजाब–भिवंडी काण्ड

आदमी के हाल पर रोना आता है,
पंजाब–भिवंडी काण्ड पर ही नहीं
हमारी आंखें गीली रही हैं निरंतर
जबसे हमारी नज़र आदमी की
बीमारी पर पड़ी,
क्योंकि हमने जाना है कि
हिंसा की जड़ें गहरी हैं
भिवंडी शांत हो गया
कल पंजाब भी शांत हो जाएगा
हमारे नेता रेडियो, अखबार
और समाज के अनेक–अनेक कर्णधार
देने लगेंगे वक्तव्य कि–
स्थिति सामान्य हो गई,
भाईचारा कायम हो गया,
अब हम एक हैं वगैरह–वगैरह,
मगर हम जानते हैं कि
या तो ये झूठे नारे हैं, लीपा–पोती है
या फिर हम अंधे हैं
क्योंकि अब तक का अनुभव कहता है
कहीं कोई शांत नहीं
कहीं किसी से प्रेम नहीं–
कहीं भाई–चारा नहीं,
दंगे फिर होंगे, हिंसा फिर भड़केगी
फिर बहेगा इंसान का खून,
फिर वही, फिर वही
भीतर हिंसा है, घृणा है, क्रोध है
द्वेष है, ईर्ष्या है
तो बहाने मिल जाएंगे हजार
हां, आखिर कहां है प्यार?
अगर हम भाई–भाई हैं
तो क्यों है चारों तरफ लूट?

(अनेक–अनेक ढंगों की)
कहां नहीं है घूस–कालाबाजारी
इत्यादि – – इत्यादि– – –??
नहीं, कितना भी कड़वा लगे,
हमें करना होगा स्वीकार
कि आदमी बीमार है, और
अब तक दवा को
हम बनाया किए हैं जहर
हां, हमने प्रेम के नाम पर लड़ा है,
हमने धर्म के नाम पर खून बहाया है
हमें पहचाननी होगी अपनी यह बीमारी
और लेना होगा उपचार
जो अभी जहर न बन गया हो
अन्यथा मरने–मारने के सिवा
हमारी कोई नियृति नहीं!!

***

रहस्यलोक

बीत गया
एक (भयंकर) झुलस भरा दिन,
सांझ आई
मौसम की प्रथम बूंदा–बांदी
के साथ,
प्राण
भर गए
सोंधी बास से,
मन
खो गया फिर
रहस्यलोक में!

***

अंधी सरकारें

नहीं,
दुनिया में ऐसी सरकारें नहीं हैं
जिनका वास्ता प्रेम से हो, सद्भाव से हो,
वे बातें जरूर करते हैं प्रेम की
पर घृणा उनका आधार है,
और वे भाषा हिंसा की ही जानते हैं,
आखिर इसका क्या मतलब हुआ कि
तुम बसें फूंकों,
ट्रेनें उलटो, इमारतें जलाओ
जहाज 'हाईजैक' करो, हत्याएं करो –
तभी वे तुम्हारी बातें सुनते हैं,
प्रेम के प्रति वे बहरे और अंधे हैं।
हां, ऐसी सरकारें दुनिया में अभी नहीं हैं
जिनका वास्ता प्रेम से हो !!

***

मन से ही

रे मन!
तू चुप न रह,
कह, अपनी बात कह,
माना कि यहां सुनने वाला
कोई नहीं है,
न किसी के पास हृदय रह गया है,
न कोई संवदेना,
सभी यंत्र–मानव हो गए हैं,
तथापि पड़ा न रह
जब तक सांस है
तू कहता रह,
शायद कोई सुन ले –
कहीं कोई भूला–बिसरा !!

***

भारत की तलाश

वह देश मुर्दा है
जिस देश का चिन्तक हिम्मत खो दे।
उस देश का कोई भविष्य नहीं
जिस देश का लेखक
सच बात कहने में डरने लगे।
उस देश का अंत निकट है
जिस देश का कवि
विद्रोही स्वर भूलकर
महज इनाम अकराम के लिए लिखने लगे।
दुर्भाग्य से इस देश में ऐसा हुआ है।
आज यह देश जिंदा क्यों नहीं लगता?
क्यों नहीं दिखता लोगों के चेहरों पर उत्साह?
लोग क्यों आखिर मरे–मरे जी रहे हैं?
मगर कबीर–रहीम का यह देश!
नानक–दादू का यह देश!
बुद्ध–महावीर का यह देश!
कृष्ण–राम का यह देश!
यूं मुर्दा हो जाए –
शायद अस्तित्व को भी स्वीकार्य नहीं,
(क्योंकि तब तो कोई आशा ही नहीं बचेगी, इंसान की)
तभी तो 'ओशो' प्राण फूंक रहे हैं
और मुर्दे जैसे नींद से उठ–उठ बैठ रहे हैं।
(सच ऐसी घड़ी में ओशो का होना अस्तित्व की कितनी बड़ी अनुकंपा है)
मगर समय कम है मनुष्य मात्र का अस्तित्व खतरे में है,
अतः जो स्वयं को जिन्दा समझते हों
वो आगे आए–जल्दी करें
ओशो की हवा को ले जाएं दूर–दूर
'नये मनुष्य' को जन्माने में सहयोगी बनें,
तभी भारत के सपूत भी कहला सकेंगे !!
क्योंकि भारत में जन्म मात्र ले लेना
भारतीय होना कहां??

***

असह्य बोध

कभी–कभी वह पूछता स्वयं से
जज की कुर्सी पर बैठे
उस तानाशाह के स्वेच्छानुसार को
उसके पक्षपात भरे घोर अमानवीय व्यवहार को,
कैसे कर लिया उसने स्वीकार ?
रह–रह कर कचोटती उसकी आत्मा
सदा–सदा का विद्रोही वह
अन्यायों से जूझना ही जाना जिसने
आज इतना बड़ा अन्याय
कैसे चुपचाप सह गया!!
आह! यह जीना है या
जीते जी मर जाना !!
तभी ख्याल आया उसे कि
अगर एक पदयात्री
सुनसान पथ पर
जहां दूर–दूर तक कोई आदमी हो ना–
वहां भी
सड़क के नियमानुसार
अपनी सही साइड से चल रहा हो
और शक्ति के नशे में चूर
एक ट्रक अचानक
सड़क के सारे नियमों को तोड़
अपनी साइड छोड़
पदयात्री को कुचलता–बिना रुके–निकल जाए
और पदयात्री मरा भी न हो,
कुचला हुआ जिंदा बच गया हो
तो क्या करे वह बेचारा !
भागते ट्रक को कैसे रोके?
किससे कहे कि वह कुचल दिया गया है??

***

प्रेम परमात्मा है!

मैं अक्सर विचार करता हूं
कि मनुष्य भ्रमों में क्यों जीता है!
आखिर वह कब समझेगा कि
उसका पूजा–पाठ, गंगा स्नान सब बेकार है
यदि वह मनुष्य को प्रेम न कर सके!
तुम्हारा नमाज पढ़ना सिर्फ एक धोखा है
अगर तुम आदमी को प्यार न कर सको।
मैं हैरान हूं कि तथाकथित मौलाना–
पादरी – पुजारी
क्या बिल्कुल अंधे हैं?
क्या उनको यह नहीं दिखता कि
प्रेम से प्रेम बढ़ता है
घृणा से घृणा,
और कि प्रेम परमात्मा है!!

***

तपन के बाद

एक
तपन भरे
दिन के बाद
पीपल के पत्ते
डोलते हैं, हवा के साथ,
लुका–छिपी चलती है
दूधिया चांदनी से,
निर्वसन टहनियां
जागती हैं रात–रात,
चटक चांद सोने का
नाम नहीं लेता !
तपन भरे दिन के बाद।

***

इंतजार

उनके माथे पर लिखा है
इंसाफ
मगर उनकी नाक के नीचे
चलती रहती है चोरी, हत्या
होता रहता है बलात्कार
एकाध निर्दोष
लटकते रहते हैं फांसी पर रोज,
कुछ दोषी छूटते रहते हैं
चुनाव लड़ने के लिए लम्बी रकम देकर ।
हे मेरे मालिक !
तू कहां सो गया है
यह मैं क्या देख रहा हूं
कब तक करूं भला तेरा इंतजार,
कि तू आए
और सही को सही
गलत को गलत कर दे।

***

तुम कौन हो?

मैं नहीं जानता कि
मेरे तुम कौन हो
क्योंकि जब तुमं अपने पत्रों के माध्यम से
मुझे छूते हो,
मैं गल–पिघलकर ना–कुछ हो जाता हूं
और सहस्त्रार से
झरती है एक शीतलता
अमृत सा स्वाद लिए
जो फैल जाती है मेरे पूरे 'होने' पर,
आंखें बंद हो जाती हैं स्वतः
और 'मैं' नहीं,
केवल साक्षी रह जाता है!!

***

मन से

रे मन!
चुप रह
कुछ न कह
यहां तेरी सुनने वाला
कोई नहीं!
न्याय बहरा है
अदालतें अंधी हैं
कानून के निर्माता, खुद
खो गए हैं अंधी गली में
जहां न्याय बिकता है,
आदमी बिकते हैं
जहां सब कुछ पैसे से
खरीदा जा सकता है –
यहां जो जितना क्रूर व अमानवीय है
उतना सफल है,
जो जितना कोमल व मानवीय है
उतना वह पिटा है, हारा है
नहीं, तेरा यहां कोई नहीं
तू चुपचाप पड़ा रह
देखता नहीं, बगल वाली सड़क से
खद्दरधारी जा रहे हैं,
हां, उन्होनें राष्ट्र की एकता के नाम पर
अनगिनत लोग मारे हैं
पर वे हत्यारे नहीं हैं
क्योंकि उनके हाथ में ताकत है –
हुकूमत है,
नहीं तू मत सोच
कि तेरी कोई सुनेगा
सुनने के लिए कान ही नहीं -
सुनने वाला चाहिए, समय चाहिए,
आज वह खुद मौजूद नहीं –

न ही उनके पास समय है
वे एक गहरे खड्ड की ओर,
भागे जा रहे हैं
जहां आखिरी खतरा
उनका इंतजार कर रहा है
पर रुक कर सुनने का
उनके पास समय नहीं
लगता है, भागना
उनका लक्ष्य है
उनकी नियति है –
उपलब्धि है।
आह! अल्लाह खैर करे !!

***

वो कौन है ?

रोज तो नहीं आते खत उनके,
फिर क्यों रोज इंतजार होता है!
हर रोज फोन करने का मन
क्यों होता है मेरा!
और हर पल एक पत्र लिखता हूं उनको
तमाम–तमाम सुबहें देखी हैं
पर इससे पहले तो ऐसी सुंदर सुबह
नहीं देखी थी मैंने,
हवा इतना ताजा तो कभी न थी,
यह खुशबू हवाओं पर तिर–तिर कर
किस लोक से आ रही है!
वो कौन है
जो एक पल में
मेरे भीतर बाहर का मालिक बन बैठा है!
वो कौन है!

***

ग्रीष्म : एक सामयिक चिन्तन

बाहर
बहुत तेज हो गयी धूप,
धरती उगल रही आग,
आसमान
बरसा रहा चिंगारियां
आंच ही आंच है हर तरफ,
जल रहे हैं
आदमी के कान, हाथ, पांव
जीभ लपलपाती लू
लगातार ललकारती उसके अस्तित्व को
हवा, शायद डरकर
छुप गयी कहीं,
अब कुछ नहीं कहा जा सकता
क्या होगा आदमी का?
लगता है, सूरज
बहुत नाराज है
आकाश ज्यादा ही भयावना होता जा रहा है
आदमी ने जरूर छेड़–छाड़ की है प्रकृति के साथ,
वर्ना क्यों होता, हर तरफ आतंक का साम्राज्य
क्या हिंसा ही धर्म है सबका?
आखिर क्या हो गया है आदमी को?
यह कैसा जमाव है मूढ़ों का –
किंकर्त्तव्यविमूढ़ों का??
क्यों भूल गया मानव
सहज जीवन!
संवेदन !
संतुलन !!
क्यों नहीं झांकता भीतर
जहां सभी कुछ शांत है, शीतल है।
क्यों नहीं पहचानता
कल्याण मित्र (ओशो) को!

***

विरह गीत

सावनी हवाओं को
चढ़ गया नशा
बदरा गरुआए
घिर आई घटा,
नीम की फुनगियों पर
मोती उग आए,
शीतल फुहारें
झर रहीं छन–छन
उमंगें हिय में
उफनी बन–ठन
नाचा मोर वन में,
– रो उठा
पपीहे का
विरही मन!

***

कब शाम हो जाए?

तुमसे दूर होना
कभी–कभी बहुत अखरता है!
पुराना जमाना होता तो
याद आने पर जरूर रोता,
मगर, अब तो ओशो ने
हर स्थिति में हंसकर जीना सिखा
दिया है,
सो जी रहे हैं, और
याद आने पर रोने की जगह हंस लेते हैं!
कभी–कभी पत्रों में
जरूर चले आया करो दोस्त,
क्योंकि यह जिंदगी ऐसा खेल है
कि पता नहीं कब शाम हो जाए!!

***

एक बोध कथा

चार अंडे
जिनके घोंसले आस–पास थे,
धीमे–धीमे बात कर रहे थे,
एक ने कहा : मैं हिन्दू हूं
दूसरे ने कहा : मैं मुसलमान हूं
तीसरे ने कहा : मैं ईसाई हूं
चौथे का क्रम आते–आते अंडा फूट गया
निकल आया चूज़ा
और उसने कहा–
भाई, मैं तो अब न हिन्दू हूं,
न मुसलमान, न ईसाई,
हिन्दू अंडे ने नाराज़ होते हुए कहा
तू अपने को हिन्दू कहने में शर्म करता है?
चूजे ने कहा –
तुम देख नहीं पा रहे हो, भाई,
मैं अब वहां नहीं – आगे हूं,
यहां से सारा आकाश मेरा है
और सारे आकाश का मैं,
जो अंडा बने रहकर
नहीं होता संभव ।
तभी सुना चारों ने, वहीं बगल में
एक सम्बुद्ध का प्रवचन चल रहा था –
'कोई परंपराओं, मान्यताओं, सीमाओं,
संस्कारों, धारणाओं के पार गए बिना
उस परम सत्य को नहीं जान सकता'!

***

किससे कहूं?

ऐसे मूढ़ों से
कुछ भी कहना बेकार है
जो एक ओर तो बलात्कार की सजा
मौत किए जाने का कानून बनाना चाहते हैं
और दूसरी ओर बलात्कार के लिए
सारी स्थितियां निर्मित करते हैं!
ऐसे अंधों से
कुछ भी कहने का क्या अर्थ
जहां हत्या की सजा फांसी
और हत्या किए जाने को
हर बार ही उकसाया जाता हो!
किसी से कुछ कहने–सुनने का
क्या अर्थ
जहां मालिकों का ही चरित्र
हो गया हो भ्रष्ट?
जहां न्यायाधीश का पेशा हो गया हो
अन्याय
और साधु डालते हों रोज डकैतियां!
इतने बड़े देश में कोई भी तो नहीं दिखता
जिससे कहूं कि मैं लूटा गया हूं!
हर नेता हर नेता को
भ्रष्ट और बेईमान बता रहा है,
हर नेता हर नेता को हटाए जाने की
मांग कर रहा है,
हर नेता कुर्सी पर स्वयं को बिठाए रखने की
कोशिश में लगा है,
हर तरफ हत्या, आत्महत्या,
हिंसा, आतंक, बलात्कार, सामूहिक
बलात्कार की धूम मची है,
पुलिस भी अपना कर्तव्य बखूबी
निभा रही है,
नेता भी और साधु भी !

***

घाटी की हवा

घाटी की हवा
बहकी–बहकी है,
झील का पानी
रक्त सना है
धर्म की ओट में
अधर्म चल रहा,
आदमी–आदमी को
निगल रहा !
डाली पर खिले फूल
डरे–डरे हैं,
अपनी खुशबू को
खुद में समेटे रहने की
कोशिश में लगे हैं,
आदमी सहमा–सहमा है
मानो पैदा होकर
कोई जुर्म किया है!!
रक्त–मांस की गंध
पृथ्वी के कोने–कोने तक
फैल गई है, ऐसा तो कभी नहीं हुआ
जैसा आज है, अपने ही घर में
हवा दुबकी खड़ी है चुपचाप !!!

***

चैन

बेचारा दिन
हजार उछले, कूदे,
लाख चमके....
– चैन तभी पाता है
जब रात की गोद में
सिर रख
सो जाता है!

***

कब तक?

न हवा हवा को
निगलती है,
न पानी पानी को
पीता है
फिर आदमी आदमी को
क्यों खाता है?
यह उल्टा–पुल्टापन, भला
कब तक चलेगा?
सभी एक दूसरे पर
हैं घात लगाए,
मानव जीवन का लक्ष्य
प्रेम नहीं
मानो घृणा हो गया,
हर तरफ मार–काट
कुहराम है
यह सब भला कब तक रहेगा???
बच्चा पूछता –
'पापा,
आदमी आदमी को क्यों मारता है?'
पापा चुप लाजवाब हैं,
क्या कहें,
एक छोटे से बच्चे के सवाल का जवाब
पूरी सदी के पास नहीं है !!
यह पागलपन भला
..... कब तक कोई सहेगा ???

***

पुरवा हवा

यह पुरवा हवा, आज
जाने किन–किन को खलेगी!
आग ही नहीं जलती
दिल भी जलता है,
बर्फ ही नहीं पिघलती
पाषाण भी पिघलता है,
सूनेपन में टीस
ज्यादा ही हवा करेगी ।
यह पुरवा हवा, आज
जाने किन–किन के दर्द को
हरा करेगी!
युवक–युवतियों के मन
सलीब पर चढ़ गए,
गांव का पनघट
वह छेड़छाड़, अल्हड़पन,
सब शहरीपन में खो गए,
क्या करे आदमी?
घुटन भरे अहसास में
ज्यादा ही टांके खुलेंगे!
यह पुरवा हवा,
आज जाने किन–किन के जख़्म को
जमा करेगी !!
हवा में भी शराब है
अब पता चला,
नशे में डूबा हूं
आंखें मुंद चली हैं,
सूझ नहीं पड़ता
कोई क्या दवा करे?
कैसे बचे आदमी??
यह पुरवा हवा, आज
जाने किन–किन के जख़्म को

ताज़ा करेगी!!!
पानी की बूंदें
टप–टप पड़ने लगीं,
मिट्टी की सौंधी गंध
जार–जार उड़ने लगी,
प्राणों का संगीत, रह–रह
आंखों से झरने लगा,
यह सब कौन देखे, भला,
मन के मीत बिना??
आह! पुरवा हवा
जाने तू क्या–क्या करेगी!!!

***

जन्म : नये मनुष्य का

अब
मैं भी अपने बाप से अलग हूं
और मेरा दोस्त रफीक भी।
हुआ यूं कि मैंने अपने बाप से पूछा
मैं हिन्दू हूं – यह आपने किस आधार पर बताया था
जब मैं छोट्रा था?
कहा बाप ने–
उनको उनके बाप ने बताया था ।
रफीक ने यही सवाल
अपने बाप से पूछा
और वहां भी वही हाल था !!
स्वभवतः हमने अपने को हिन्दू –
मुसलमान से अलग
आदमी घोषित कर दिया है
और हम (सधन्यवाद) अलग रहने लगे हैं!!

***

एक पत्र

आओ अब कुछ देर
चुपचाप जिएं
अपने ह्रदयों में प्रिय की याद
और प्रेम का अहसास लिए ।
पत्रों में जितना लिखा जा सकता है
लिखा जा चुका ...,
अब तो बात चली गई है
पत्रों की सामर्थ्य के पार ।
पर शायद मैं खुद बिना लिखे नहीं रह सकता –
और भी लोग मिले हैं जीवन में,
पर जितने लम्बे–लम्बे पत्र मैंने तुम्हें लिखे हैं
उतने लम्बे पत्र कभी किसी को नहीं लिखे,
और जितनी–जितनी बार तुम्हारे पत्रों को पढ़ा है
किसी के पत्रों को कभी उतनी बार नहीं पढ़ा,
मैं खुद हैरान हूं कि आखिर ये हो क्या रहा है?
रातें इतनी लम्बी क्यों होने लगी हैं
कि जगते–जगते ऊब जाता हूं –
सबेरा होने का नाम नहीं लेता !
क्या इंतजार में सचमुच समय इतना लम्बा हो जाता है?
फिर इंतजार मधुर हुआ या पीड़ादायी?
तुमने तो इंतजार को मधुर कहा है
हालांकि मैंने भी एक बार कहीं चाहा है
कि रविवार कभी न आए
क्योंकि अन्य दिनों पत्र भले न आएं
इंतजार तो होता है!
अब मैं कुछ नहीं समझ पा रहा हूं कि
क्या, क्या है?
कभी–कभी सोचता हूं तुम्हें लिख दूं
कि मैं तुम्हें प्रेम नहीं करता हूं
लेकिन तब, दूसरे ही क्षण
अपने आप से पूछता हूं –

"फिर क्यों किसी के ख्याल में खोए रहते हो
और कुछ ख्याल नहीं रहता
जब तक आकर कोई पूछता नहीं
कि क्या सोच रहे हो,
फिर क्यों तुम्हारी स्मृतियों में कोई छाया रहता है
–जैसे भूमंडल पर वायु–
उठते–बैठते, चलते–फिरते, सदा
यहां तक कि उसके स्मरण के साथ नींद आती है
और जागरण भी उसके स्मरण के साथ होता है
और फिर क्यों जब तुम्हें कुछ बहुत अच्छा लगता है–
कोई प्रवचन, कोई गीत, कोई वाद्य
कोई फूल, कोई गंध
शुभ्र आकाश, चांद, कुछ भी
जब तुम्हें भाता है –
तो क्यों तुम्हें बरबस किसी की याद आने लगती है
और बड़े–बड़े आंसू बहाने लगते हो?"
हां, अब मैं कुछ नहीं समझ पाता
कि क्या कहूं? क्या न कहूं?
अतः चुप हो जाता हूं
तुम्हारी याद के साथ .... !!

***

विश्राम

जिसकी तलाश
उम्र भर किया
और आशा छोड़ दी
वो ही आज आ पहुंचे
चलकर मेरे द्वार!
हां, उनके मिलने के साथ
एक तलाश पूरी हुई
अब मैं विश्राम में हूं!

***

होने दो

जो सहज हो रहा है, होने दो,
अपने को रोको मत,
क्योंकि वस्तुतः न तुम तुम हो, न मैं मैं,
कोई जो है उसे होने दो!
हंसी आए, हंसो
बात करने का मन हो बात करो,
गीत उमड़े तो गाओ,
रोना आए तो रोने दो!
जैसा है वैसा है
जो है वह है
उसे भय या संकोच से
प्रदूषित न होने दो!
जियो, यह जीवन तुम्हारा है
यह अपूर्व अवसर है सुखी होने का,
आनंदित होने का, डूबने–डुबोने का,
यही पूजा है! यही प्रार्थना है!
अगर तुम आनंदित हुए तो वो तरंगें
दिग दिगन्त में जाती हुई प्रेम–ऊष्माएं हैं,
अपने को कभी दुखी मत होने दो –
उनकी सुनकर, मानकर,
अपने फैसले खुद करो,
हृदय जहां ले जाए, जावो,
रोको मत, खुद को होने दो!
प्राण अर्पित होना चाहते हैं किन्हीं को?
सांसें समर्पित होना चाहती हैं किन्हीं को?
मत रोको,
यह घड़ी अमूल्य है, यह मुहूर्त शुभ है!
अर्पित–समर्पित होने दो!
जो प्रेम नहीं कर सकता, ध्यान उसके लिए है,
जो प्रेम नहीं कर सकता किताबें उसके लिए हैं,

प्रेम जहां नजर डाले वहीं परमात्मा है!
हे अनुपम!
तुम अपने को अपने में खोने दो!
धन्य होने दो !!

***

इतिहास लिखो नया

हृदय में मेरे
हरसिंगार झरे!
महक उठी सांस–सांस
चाल में घुली मस्ती,
रंध्र–रंध्र से आ रही आवाज –
"यही दुनिया स्वर्ग है
यही है प्रभु की बस्ती,
इसे यूं ही मत छोड़ जाना–
जैसी मिली है,
जोड़ जाना कुछ छन्द !
कुछ सौंदर्य !!
कुछ गीत !!!
परमात्मा तुम्हारे हीं माध्यम से
गाता है,
अस्तित्व–सदा–
तुम्हारे कदमों से नाचना चाहता है
उठो, उत्सवित हो,
हाथों में ढोल–मजीरे, मृदंग लो,
दुनिया की हालत बदलो,
नया इतिहास लिखो!
तोपों–बंदूकों को जीतो
नृत्य से, उत्सव से !!"

***

पागलपन

तुम्हारे जाने के बाद
मैं मर तो नहीं जाता
पर जिन्दा हूं, ऐसा भी नहीं लगता..
हां, इतना ऊर्जाहीन व उत्साह–क्षीण
हो जाता हूं कि
पड़ा रहता हूं चुपचाप–अकेला
अपने कमरे में, खोया–खोया..!
सच यह है कि
तुम्हारे जाने के बाद
कैसा लगता है
शब्दों में कहना मुश्किल है!
तुम्हारे मिलने पर
अत्यधिक बल और उत्साह
अनुभव होता है
पर यह नहीं पता था, कि
तुम्हारे जाने पर
इतना निर्बल हो जाऊंगा कि
एक अर्सा लग जाएगा
मुझे फिर से उठ खड़े होने में!
हां, कहने को तो
तुम्हारे जाने के समय
आंसू नहीं गिरते
पर सच यह है कि
मेरे जिस्म का रेशा–रेशा और
ह्दय का कोना–कोना
आंसुओं से गीला अनुभव करता है,
और कई–कई दिनों तक
किसी से बात करने का जी
नहीं होता !

सच,
तुम्हारे जाने पर
मैं एक ऐसी पीड़ा से गुजरता हूं
कि कई बार चाहने लगता हूं –
तुम मत ही आया करो
तो अच्छा . . .
पर जाने कैसा पागलपन है कि
तुम्हारे जाने के साथ
फिर तुम्हारे आने की राह
देखने लगता हूं . . .!!

***

मस्ती

तू इतना मस्ती से भर देती है कि
भीतर समाती नहीं,
छलकाती रहती हूं आंखों से
तब भी कम नहीं होती, उल्टे बढ़ती रहती है
लगातार....!
कभी–कभी सोचता हूं
क्या तू कोई जादू जानती है?
फिर क्यों मैं इतना अवश हूं!
और क्यों तू सहज ही मेरे सीधे–सादे
हृदय की स्वामिनी बन बैठी है,
कि आज मेरा जीना–मरना
सब तेरे हाथ में है!!

***

मुहब्बत

नहीं, नहीं, नहीं
नहीं होनी चाहिए थी
तुमसे मेरी पहचान
नहीं होनी चाहिए थी मुहब्बत..,
क्योंकि – –
कोई भी प्रेमी
चाहता है प्रेम–पात्र से 'शेयर' करना
अपना उत्साह, अपनी खुशी
अपना आनंद, अपनी हंसी, मस्ती
व सब कुछ,
और मैं कुछ भी तो नहीं कर पा रहा हूं।
अभी शाम को वीडियो पर ओशो को जो
देखा, जो सुना
'उनके' वो अंदाज
'उनकी वो चितवन'
तत्पश्चात्
वीडियो पर ही रजनीशपुरम् में
विश्व प्रेस कॉन्फ्रेन्स . . .
वह उत्सव, वे बातें, वह सब कुछ . . .
न तुम्हें दिखा पा रहा हूं
न सुना पा रहा हूं!
जो ऊर्जा को बढ़ा देता है अनन्त गुणा . . .
आह!
कौन होगा मुझसा असमर्थ!
हां, नहीं होना चाहिए था
तुमसे मेरी पहचान,
नहीं होनी चाहिए थी मुहब्बत. . !

***

मिलन के पूर्व

ज्यों–ज्यों वक्त करीब आ रहा है
अजीब सा महसूस कर रहा हूं!
हां, एक तरफ तो तुझे देखने के लिए
अधैर्य बढ़ रहा है
–यानी समय लम्बाता जा रहा है –
और दूसरी ओर
तेरे सामने पड़ने में तो जाने
कैसा लग रहा है!
लगता है तेरे सामने होने पर
मेरी आंखें बंद हो जाएंगी
और मैं अपने भीतर चला ज़ाऊंगा,
तू मुझे देखे,
या चूमे,
या गले लगा ले,
या सिर पर हाथ रखे
या भावों की आरती उतारे,
मैं निश्चेष्ट खड़ा रह जाऊंगा –
आंखें बंद किए!
ओह!
जिस क्षण का इंतजार
इतनी बेसब्री से किया है
दर्शन की वह सौभाग्य–घड़ी आने पर
क्या मेरी आंखें बंद होगी
और मैं अपने भीतर डूबा हूंगा !!

***

विवशता

मेरी विवशता
कोई नहीं जानता!
मैं कुछ कहना चाहता हूं
पर समझ नहीं पाता कि
किस भाषा में व किससे कहूं?
कौन है यहां जो सुनेगा?
फिर स्मरण आता है कि मुझे
यह भी तो नहीं पता
कि आखिर कहना क्या है!
हां, मेरी विवशता कोई नहीं जानता!
आसमान बादलों से भरा है
बादल... लाल, नीले, काले, भूरे . . .
इन बादलों को देखना उसे बहुत प्रिय था
वह घंटों उन्हें देखा करती,
व जाने कहां खोई रहती..
कौन जाने आज वह कहां है!
आह! आंसुओं के टपकने का कोई समय नहीं है
वे कभी भी टपक पड़ते हैं,
हां, मेरी विवशता कोई नहीं जानता!
सामने एक गोरैया
अपने बच्चे की चोंच में चोंच डाले
बड़े लाड़ से दाना चुगा रही है
मुझे मेरी मां याद हो आई है
जो वहां जा चुकी है
जहां उसे ढूंढ़ पाना व मिलना
असंभव है,
कौन जाने वह मुझे देख पा रही हो?
लगता है मैं कुछ उदास हो गया हूं!
सच, मेरी विवशता कोई नहीं जानता !

सूरज पश्चिम में छुप गया
रात अभी नहीं आई
पक्षियों के झुण्ड
मस्त–मगन गीत गाते
अपने घरों को उड़े जा रहे हैं,
मैं भी गीत गाना चाहता हूं
पर क्या गाऊं?
अभी अपने घर का मुझे पता नहीं है,
हां मेरी विवशता कोई नहीं जानता !

***

तथाता

अब
मैं एक ऐसी आग में
जल रहा हूं
कि कुछ भी कहना मुश्किल...
शब्द खोते जा रहे हैं
मैं शून्य होता जा रहा हूं
आगे क्या हो पता नहीं...,
उत्तेजित भी हूं
भय भी लगता है,
पर इतना आगे बढ़ आया हूं
कि रुकना अब असंभव. . .
अस्तु
छोड़ दिया हूं उन्हीं पर
जो लिए जा रहे हैं,
वो जहां ले जाएं
वही मेरी मंजिल...!!

***

याद

आज किसी की याद आई है!
हवाओ! शोर न करो,
धीमे बहो,
दरख़्तो! खामोश रहो,
मत हिलो,
टेलीफोन की घंटियो!
मत बजो,
चुप रहो,
कुछ देर को (मुझे) अपनी धड़कनों के
साथ होने दो!!
हां, आज फिर किसी की याद आई है!
आंखों को जी भर रोने दो
आने–जाने वालो!
तुम मेरी ओर मत देखो,
अपनी राह जाओ,
तुम्हारी सहानुभूति नहीं चाहिए,
मैं कोई बेचारा नहीं –
किसी का आशिक हूं!
मुझे उसकी याद के साथ होने दो!!
हां, किसी की याद फिर आई है!!!

***

नव–संन्यास

अच्छा हो
कि दुनिया मुझे प्रेमी की तरह जाने
और अगर वो समझते हैं कि संन्यासी प्रेम
नहीं कर सकता
तो उनके लिए मैं संन्यासी नहीं हूं

सच, संन्यासी होना मुर्दा होना नहीं है
जिसका जीवन से कोई संबंध नहीं,
अब ओशो के बाद
संन्यासी वही है
जो प्रेम कर सके, और–और प्रेम कर सके,
और–और गीत गा सके, और नाच सके।
पृथ्वी को आनंद और सृजन से भर सके!!

***

हृदय

काश! मेरा हृदय
मेरी मानकर चलता
तो मैं कभी उदास न होता–
जब तुम्हारे पत्र नहीं आते
अथवा जब वे विलम्बित होते हैं,
जैसा कि तुमने चाहा है।
पर वह मेरी नहीं सुनता–मैं क्या करूं!
तुम्हें क्या मालूम
मेरे साथ वह कितनी मनमानियां करता है!
कभी असमय रुलाता है
कभी (मुझे) खुद पे हंसाता है
कभी एकांत में चुप पड़े रहने को
मजबूर कर देता है
जबकि और सब उत्सव मना रहे होते हैं!
काश! मेरा हृदय मेरी सुनता
तो मैं कभी उदास न होता
जब तुम्हारे पत्र नहीं आते
जैसा कि तुमने चाहा है!!

***

स्यात्

तुम मेरे लिए कौन हो?
तुमसे मेरी मुलाक़ात अस्तित्व ने
किसलिए करवाई है
क्या तुम्हारा मुझसे मिलना
कोई वृहत् अर्थ रखता है?
मैं इस सब पर गौर करता हूं
तो बहुत कुछ समझ में आता है
बहुत कुछ समझ में नहीं आता..।
ऐसा लगता है सब कुछ समझने का प्रयास नादानी है
कुछ तो अज्ञात में चलने का मजा होना चाहिए!
फिर जो समझ में कुछ आता है
उसमें कुछ कह पाता हूं
कुछ नहीं कह पाता
शायद सब कुछ नहीं कहा जा सकता
कुछ है जो कहने से रह जाता है,
स्यात् वही मूल्यवान और समझा जाने योग्य है।

***

विरह गीत

सोचता हूं
चांद और तारे भाग्यशाली हैं।
जो तुम्हें देख सकते हैं, जब तुम
अपनी छत पर आती होगी,
और तुम्हारे शहर के उस बाज़ार का भाग्य
क्या कहना
जहां तुम कुछ खरीदने जाती होगी,
और कितना सौभाग्य है–
कागज़ के इन पन्नों का

जो तुम्हारे सुंदर हाथों से गुजरेंगे,
जिन्हें तुम्हारी कोमल उंगलियां स्पर्श करेंगी,
और तुम्हारी स्वच्छ, निर्मल आंखें देखेंगी!
सच
आज मुझे, सहज ही, इनके भाग्य पर
ईर्ष्या हो रही है!
और आंखें मेरी
अनायास गीली हैं!!

***

दीवाली पर

आज दीवाली है
लोगों ने दिए जलाए हैं
अपने–अपने इष्ट की पूजा की है
मुरादें मांगी हैं
मैं बैठा हूं अपने कक्ष में
तुम्हारी याद के साथ
क्योंकि और कोई मेरा इष्ट नहीं है
न ही कोई मुराद . ..
हां, मैंने बाहर कोई दिए नहीं जलाए हैं,
पर भीतर एक दीप जल रहा है
जो तुमने अपनी नजर से जलाया है,
जिसकी रोशनी का स्वाद
अवर्ण्य है!
अब मेरी आंखें बंद हो रही हैं
उस रोशनी में नहाने को !!

***

विरह गीत

यह पल तो आखिर
आना ही था ।
आज नहीं, कल
कल नहीं, परसों
परसों नहीं, दो दिन बाद
उनको आखिर जाना ही था ।
मनुष्य
मिलन तो स्वीकार करता,
विरह नहीं,
सारी दिक्कत की जड़ें यहीं
वर्ना हर आना
जाने की शुरुआत है
और हर जाना आने की ...
लेकिन
यह सब दर्शन की बातें हैं
हम–से साधारणजन को तो
विरह बहुत खलता है,
माना यह पल आना था, फिर भी
इतनी जल्दी न आता तो
अच्छा !!

***

आज फिर

आज फिर
नींद नहीं आई . . .
बस सोचता रहा . . .
आज देश में कितने युवकों ने
आत्महत्याएं की होंगी,
क्योंकि उनके मां–बाप ने
उनके प्रेम–संबंध को कर दिया होगा
अस्वीकार,
और कितने इस गलत समाज में
मजबूर हुए होंगे करने को बलात्कार ..!
आज फिर
कितने युवकों ने भरी होगी घूस
किसी छोटी सी नौकरी के लिए
और कितने पैसा जुटा पाने में असमर्थ
मान लिए होंगे हार . . . .।
कितनी बेटियों ने आज फिर
की होगी खुदकुशी,
क्योंकि मां–बाप शादी नहीं कर पा रहे होंगे
कितनी चली गई होंगी
अपने प्रेमियों के साथ –
आखिर में केवल पुलिस की गिरफ्त में पहुंचने को . . .!
आज फिर नींद नहीं आई . . . !

***

जीवन

दुख – दर्दों का भी एक सकारात्मक पहलू है
हां, यदि मेरी रीढ़ में दर्द न हुआ होता तो
मैं सच्चे अर्थों में रीढ़ का अर्थ कभी न जानता ।
यदि मुझे हृदय रोग न हुआ होता
तों बेचारे हृदय द्वारा की जा रही अथाह
सेवाओं का कहां पता चल पाता!
और प्रोस्टेट ग्लैण्ड न बढ़ती
तो प्रोस्टेट भी देह में कोई चीज है
इसका शायद ही कभी ज्ञान होता!
दांत दर्द ने ही दांत द्वारा की जा रही
सेवाओं का बोध कराया,
आंख की तकलीफ ने ही तो
आंख का महत्त्व समझाया,
सम्बोधि जी के घुटनों की समस्या न होती
तो उन्हें घुटनों का कभी ख्याल भी न आता
सच, सब कुछ कितना सुंदरं है
सुख भी दुख भी !

***

सलाम सैनिक

वह सैनिक –
जो अब नहीं है –
कभी खड़ा था मोर्चे पर
बंदूक ताने,
उसके लिए न दिन, दिन था, न रात, रात
नं सोने का वक्त, न खाने का समय,
रहने का हर हाल में सजग –
अनवरत. . .।.
सोचता हूं
ऐसे में उसे कभी याद आई ही होगी
मां की, पत्नी की,
बच्चों का ख्याल आया ही होगा!
मगर वह सब कुछ को परे छोड़
हो गया होगा सजग, तत्क्षण,
उसके लिए उस वक्त मां–बाप
पत्नी–बच्चों के क्या मानी?
हाथ में बंदूक है
और प्राणों में देश की सुरक्षा
का भाव .... बस ...!!
हे सैनिक !
तुम्हें मेरा सलाम!
तुम्हें मेरा सलाम !!

***

दर्द

कौन है मेरा दोस्त
जो समझे मेरे उस दर्द को
जो मुझे रुपिन कत्याल, की मृत्यु से हुआ है
जो कि आज भी ताजा है,
कौन है मेरा साथी
जो महसूस करे मेरे दिल को
जो बलात्कार की शिकार, मृत डेढ़ साल
की बच्ची को महसूस करने की कोशिश करता है
और असफल हो जाता है,
हां, कोई नहीं दिखता इस जहान में
जो मेरे साथ भोगे उस पीड़ा को
जो मैं उस क्षण भोगता हूं
जब कोई अन्याय का शिकार होता है
और रात–रात जागता है क्योंकि
अपने ही घर में किसी को अपनी छाती पर
सवार पाता है,
कोई नहीं है जो सुने मेरी बेसिर–पैर
की बातों को
जब मेरे ऊपर महज सद्‌गुरु
ओशो का नशा चढ़ता है
और मैं बड़–बड़ करने लगता हूं,
कौन समझेगा मेरे दर्द को
जब देखता हूं –
कल जल रहा था अमरीकी 'वर्ल्ड ट्रेड सेंटर'
आज जल रहा है अफगान,
कश्मीर बीस वर्षों से जल रहा है
मारे जा रहे हैं निर्दोष इंसान,
मासूम बच्चे,
जो जानते तक नहीं कि जात–पात और

मजहब क्या बला है?
क्या पागल हो गया है इंसान?
क्या यही है इस्लाम?
मैं पूछता हूं
दुनिया कहां जा रही है?
विकास की ओर या विनाश की ओर?
कौन है मेरा दोस्त...
जो समझे मेरे दिल को!

***

आत्महत्या कर लिए मित्र, प्रवत के नाम

प्रवतः
आज मेरी आंखें गीली हैं
तुम्हारी याद में
तुम इतनी जल्दी क्यों
चले गए?
एक बार तो मिले होते
अपनी कहे होते
मेरी सुने होते,
तब तुम यह हरगिज़ न कर पाते
जो तुमने कर लिया है
क्योंकि मैं तुम्हें बताता कि
मैं किन–किन विपरीत परिस्थितियों से
गुजरा हूं
और जड़ नहीं मैं भी संवेदनशील रहा हूं
लेकिन तुम शायद ज्यादा ही संवेदनशील रहे
और जिन्दगी में
समझौते और समझौते और समझौते
समझौतों पर समझौते, नहीं कर सके,
पर तुम एक बार भी मुझे मिले होते
तो यह हरगिज न कर पाते

जो तुमने कर लिया है!
क्योंकि मैं तुम्हें यह भी बताता कि
लड़ाई जीतने के लिए
कई बार हारने का नाटक भी करना पड़ता है
और ऐसे समझौते, समझौते नहीं होते!
आखिर क्या मैं आज भी
विद्रोह को जी नहीं रहा हूं?
क्या मेरी आग जरा भी कम हुई है?
मानव अधिकारों को लेकर मेरी लड़ाई
जारी है
और मैं देखता हूं
कि सफलता हमारे करीब
आती जा रही है
अगर मैंने भी तुम जैसा कर लिया होता
तो क्या आज यह संभव होता–
जो हो रहा है?
मनुष्य के लिए एक स्वर्णिम भविष्य
आता दिख रहा है,
हमें संघर्ष करना चाहिए,
भागना नहीं।
सोचो, मेरे प्रिय!
यदि सभी ऐसा कर लें
तो पृथ्वी मानव–विहीन हो जाएगी ।
काश तुम होते!
तुम्हारे चले जाने से मेरी ताकत
कम हुई है,
लेकिन जब याद करता हूं
कि तुम्हें ऐसा क्यों करना पड़ा होगा
तो अन्याय से लड़ने की मेरी ताकत बढ़ जाती है
पर तुम्हारी कमी सदा महसूस होती रहेगी
आज तुम्हारी याद में आंखें गीली हैं
मैं स्मरण करता हूं तो
भरोसा नहीं होता

कि तुमने ऐसा कर लिया होगा,
नहीं, नहीं, नहीं,
तुम्हारे जीवट का आदमी
ऐसा नहीं कर सकता!
नहीं कर सकता!
नहीं कर सकता!
लेकिन फिर
तुम्हारे पत्र क्यों नहीं आ रहे हैं?
तुम तो मुझे रोज़ लिखते थे
कभी–कभी एक ही दिन में तीन–तीन, चार–चार,
तुम्हारे मन में कितना प्यार था
मेरे लिए, सबके लिए ।
नहीं, तुम्हें नहीं करना था
जो तुमने कर लिया है।

आज मेरी आंखें गीली हैं
तुम्हारी याद में
घुटने लगता हूं कभी–कभी
तुम्हें स्मरण कर,
लगता है कहां चला जाऊं?
क्या करूं?
कैसे तुम्हें पा लूं?
ताकि ढेर सारी तुम्हारी सुनूं।
और ढेर सारी अपनी सुनाऊं।
सच, मेरी आंखें सूज आई हैं
रो–रोकर
नहीं, कोई न करे
परमात्मा करे, कोई न आत्महत्या करे
क्योंकि इससे सारी यात्रा
सारा विकास चौपट हो जाता है।
आज मेरी आंखें गीली हैं
तुम्हारी याद में, प्रवत!!

***

युद्ध

युद्ध हमें क्या देता है –
शांति–सुख–आनंद–समृद्धि?
अथवा अशांति–पीड़ा और गरीबी?
हम क्या चाहते हैं आखिर?
क्यों नहीं तय कर लेते एक बार?
फिर उसी के लिए जिएं
उसी के लिए मरें।
क्यों जीते हैं द्वन्द्व में
और न चाहते हुए भी
लड़ जाते हैं बार–बार
फिर वर्षों युद्ध के परिणाम भोगते हैं।
आश्चर्य है कि आदमी आज भी
नहीं सीख पाया कि
युद्ध कभी जीत नहीं दे सकता ।
और प्रेम कभी हार नहीं दे सकता
क्योंकि युद्ध में जीतकर भी आदमी हार जाता है
और प्रेम में हार कर भी जीत जाता है,
और फिर
आदमी आदमी ही होता है
चाहे वह इराकी हो या अमरीकी
एक जैसा ही, उसको मारो तो –
दर्द होता है,
आकाश आकाश ही है
चीनी, जापानी,
भारतीय या पाकिस्तानी नहीं
वह एक आकाश है –
उसमें जहर घोलो तो हर जगह
उसका असर होता है।
आदमी क्यों नहीं समझता
कि युद्ध हमें कुछ नहीं देता
बल्कि छीन लेता है

हमारी इंसानियत, हमारी संवेदना,
हमारा बहुत कुछ .....
जो अमूल्य है!

***

हे प्रभो!

आज मेरी आंखें गीली हैं
हां, मेरी आंखें गीली हैं, यह याद कर
कि कितने युवकों ने आज पढ़े होंगे
अपने पाठ–बिना अन्न खाए,
और कितनों ने किन्हीं हरामखोरों को दी
होगी घूस – नौकरी हेतु,
कितनों ने कोसी होगी अपनी तकदीर
(घूस के लिए) पैसा न जुटा पाने पर
कितनों के ज़मीर ने रोका होगा
वैसा करने से,
और कितनों ने की होगी आत्महत्या
आज की तारीख में?
आह!
कितने युवक सोए होंगे करीना,
अमीषा, . . . की तस्वीरों के साथ
और कितनी युवतियां जाग रही होंगी
ख्याल करती हुई अमिताभ व
रितिक रोशन का?
यह समाज क्या पागलों द्वारा रचा
गया है, जहां मार–काट,
छुरे बाकी सब कुछ स्वीकृत है,
बस प्रेम भर नहीं . . . !

***

एक खत : सबके नाम

मैं राजनीति नहीं जानता
पर यह जानता हूं
कि आदमी आदमी ही होता है
चाहे वह इराकी हो अथवा अमरीकी,
मारोगे तो उसे दर्द होगा,
परिजनों को जो घाव होंगे –
उसे खोकर,
वो कभी भरेंगे नहीं!
तुम्हारे वीरता पुरस्कारों का
क्या मूल्य है जीवन के सामने?

हां, मैं राजनीति नहीं जानता,
पर यह जानता हूं
कि आकाश, आकाश ही है,
भारतीय, पाकिस्तानी, चीनी अथवा जापानी
नहीं,
तुम कहीं भी विष घोलो
उसका असर समूचे आकाश पर होगा,
भले तुम्हारा दिमाग और तुम्हारे यंत्र
अभी मापने में अक्षम हों, उस असर को,
ये जात–पात
ये धर्म व राष्ट्र के घेरे
राजनीतिज्ञों ने खींचे हैं
धार्मिकों ने नहीं, और
जो धर्म आदमी को आदमी से
तोड़ता हो
वह धर्म के नाम पर
राजनीति ही करता है,
धर्म तो जोड़ता है,

आदमी को इसे समझना होगा
और अगर पृथ्वी को विनाश से बचाना है
तो 'आदमी' का डंका बजाना होगा
राजनीतिज्ञों को विदा करना होगा,
वैज्ञानिकों के हाथों मे देनी होगी व्यवस्था
जिन्होंने इंसान की सुख–सुविधा के लिए
खोजें कीं,
जिन्होंने इंसान को स्वास्थ्य दिया,
लम्बी उम्र दी
और जीने के लिए
सुलभ किए तमाम–तमाम
साधन
जो कभी राजे–महाराजाओं को भी
नसीब न थे।
परमाणु बमों के साये में
अब तो युद्ध की व्यर्थता को
हम समझें
और सब मिलकर घोषणा करें –
जय इंसान!
जय विज्ञान !!
इसमें – और केवल इसमें – होगा
सबका कल्याण !!!

***

प्रश्नान्तक

क्या ऐसा नहीं हो सकता कि
तमाम दुनिया की एक विश्व सरकार बने
और अलग–अलग राष्ट्र की स्व–आरोपित बीमारी से
(अब) मुक्त हुआ जाए?
क्या हो नहीं सकता ऐसा कि
तमाम दुनिया से परमाणु अस्त्र
नष्ट कर दिए जाएं
ताकि हम नाहक मूर्ख न कहलाएं?
क्योंकि उनका अब कोई अर्थ नहीं रह गया!
क्या ऐसा होना संभव नहीं कि
दुनिया भर की तमाम फौजें
जमीन के उन हिस्सों पर अन्न उपजाने लग जाएं।
जो अभी बंजर हैं
ताकि कोई भूखा न रहे !
क्या यह नहीं हो सकता कि
मनुष्य की मेधा मनुष्य के दुख–दर्द–बीमारी
भूखमरी से लड़ने और मनुष्य को सुखी
बनाने में लगाई जाए
न कि विनाश की तैयारी में!
क्या अब भी यह नहीं हो सकता कि
शादी–विवाह के गले–सड़े रस्मो–रिवाज़ से
मुक्त हुआ जाए
और प्रेम की प्रतिष्ठा की जाए
ताकि दुनिया से जात–पात–धर्म तो खत्म
हो ही
(क्योंकि ये नाहक संघर्ष के कारण हैं)
दहेज, दहेज–हत्याएं, दहेज–आत्म हत्याएं
बलात्कार और वेश्याएं भी अतीत की बात हो जाएं!
और अगर ऐसा नहीं हो सकता

तो क्या यह भी संभव नहीं
कि दुनिया के तमाम राजनेता
किसी महामारी के एक साथ शिकार
हो जाएं!
ओशो ने कहा है –
'मनुष्य पशुओं से जीत गया है
अब राजनीतिज्ञों से जीत सके
तो ही उसकी कोई स्थिति है!'
ओशो ने यह भी कहा है –
'सारी दुनिया को मिलकर
अमेरिका से लड़ना और उसे परास्त करना चाहिए
वर्ना वह सभी को लड़ाता रहेगा
क्योंकि हिंसा उसका धर्म है।'
और अगर कुछ भी होना संभव नहीं है
तो कम से कम अभी स्थानीय स्तर पर
भ्रष्ट नेताओं को
पांच–पांच साल के लिए
बंद तो किया ही जा सकता है!!

***

एक इन्कलाब

मैं खुद अपने से
संघर्ष कर रहा हूं
हां, मैं जो इन्कलाब लाना चाहता हूं
दुनिया में
वह अभी आ नहीं सकता,
मैं एक पल भी जीना नहीं चाहता
चोरों–घोटालेबाजों, बलात्कारियों, हत्यारों,
आंतकवादियों के बीच,
पर मर भी नहीं सकता ।
मैं बरदाश्त नहीं करना चाहता एक क्षण भी
भांति–भांति के मुखौटाधारियों को,
और प्रेम के सिवा स्वीकार नहीं करना चाहता
किन्हीं सम्बन्धों को,
पर किसी पर अपने को थोप भी नहीं सकता।
वे अभी सोच भी नहीं सकते
कि हिन्दू होना, मुसलमान होना, ईसाई–जैन–
सिख या हिन्दुस्तानी–पाकिस्तानी–अमरीकी
या कुछ भी होना –
जो आदमी को आदमी से पृथक करता हो
हिंसा है,
फिर भी मुझे जीना है इन्हीं के बीच
क्योंकि मुझे उम्मीद है
धीरे–धीरे, धीरे–धीरे
एक दिन आदमी समझेगा जरूर कि
वह 'आदमी' है
और प्रेम उसका स्वभाव है,
स्वभाव के विपरीत होने से ही
तरह–तरह की मुसीबतें हैं,
तब वह पाएगा कि
सारी पृथ्वी उसकी है
सारी पृथ्वी का वह!
वंह दिन आएगा

जरूर आएगा,
उसी के लिए काम करते–करते
जीना और मरना है!

***

आदमी

आदमी को क्या हो गया है कि
अब उसको कुछ होता नहीं!
उसके सामने किसी का वध होता है
या किसी स्त्री की इज्जत लूटी जाती है
वह सब कुछ देखता हुआ
यूं गुजर जाता है निरपेक्ष
मानो कुछ हुआ ही न हो।
कैसा हो गया है आदमी
कि उसको कुछ होता नहीं
अगर उससे मांगा जाता है
दो–चार लाख घूस, किसी काम के लिए
अथवा मांगा जाता है दहेज
वर से ज्यादा पढ़ी कन्या के साथ
विवाह के लिए
तो भी आदमी यूं सहता जाता है
मानो कुछ भी न हो रहा हो!
यह क्या हो गया है आदमी को?
आदमी की गरिमा कहां खो गई हैं,
किस गली में?
आदमी होने का सम्मान कैसे छिन गया है
आदमी से
कहां बिक गया है उसका ज़मीर?
आह!
इस संसार में जीना कितना मुश्किल है
जहां सब कुछ है, बस
आदमी भर नहीं है !!!

***

प्यार करो

प्यार करो प्यार करो,
प्यार करो यारों,
मत देखो कौन है शत्रु,
कौन है यार,
प्यार करो प्यार करो
प्यार करो यारो
शत्रु मित्र हो जाते हैं
मित्र शत्रु हो जाते हैं
इसलिए सभी को प्यार करो
प्यार करो, प्यार करो भाई!
प्यार करने के लिए हर एक को
क्या इतना ही काफी नहीं,
कि एक दिन आएंगे यमराज
घोड़े पर सवार, लेने को,
समय न गंवाओ
प्यार करो प्यार करो
प्यारा करो यारो!
प्यार करने में कुछ नहीं लगता
प्यार उतना ही मुफ्त है
जितनी हवा, जितनी धूप
प्यार करो प्यार करो
प्यार करो प्यार करो यारो!
जीवन को झगड़े–फसादों में
मत गंवाओ
जख़्म देने के बजाय
मरहम–पट्टी लगाओ,
तुम पहचानो खुद को, तुम कौन हो?
तुम बुद्ध, महावीर, कृष्ण, कबीर, नानक
जीसस की संतान हो,
प्यार किसी के लिए नहीं –
सबके लिए,

घास–पात, कुर्सी–मेज
वन–प्रांतर, पशु–इंसान
सभी हैं हकदार
प्यार करो प्यार करो
प्यार करो भाई!
प्यार पर प्रवचन मत दो,
प्यार करो,
परमात्मा को तलाशो मत
तुम स्वयं 'वह' हो,
अगर यह
जानना चाहते हो
तो प्यार करो प्यार करो
प्यार करो भाई।

***

समर्पित

प्यारे ओशो!
मैं समझता हूं कि ये रचनाएं
इस योग्य न थीं कि
तुम्हें समर्पित की जातीं,
मगर हे महान मनुष्य–प्रेमी!
मैं तुमसे पूछता हूं कि
किसी के पास अगर हृदय हो
और समर्पित होने की भावना...
तो क्या उसके द्वारा अर्ध्य में चढ़ा
तुच्छ भी पुष्प नहीं हो जाता?
और तुम तो जानते हो
मेरे हृदय का कोना–कोना
और यह भी कि वहां
तुम्हारे लिए क्या है!!

***

मुहब्बत

आदमी को आदमी से
बांधे हुए है जो
वह मुहब्बत ही है,
सृष्टि चल रही है जिस तत्त्व से
वह मुहब्बत ही है,
सूरज, चांद, तारों, पृथ्वी को
साधे हुए है एक लय, एक गति
वह मुहब्बत ही है,
आदमी जी रहा है जिसके सहारे
आदमी जी रहा है जिसके लिए
सृष्टि चल रही है जिस शै से –
वह मुहब्बत ही है,
विज्ञान कहता आकर्षण–विकर्षण
जिसे –
धर्म कहना मुहब्बत ही है जिसे!
हां यह मुहब्बत ही है
कि हवा बह रही है,
सूरज तप रहा है
नदी भागी जा रही है सागर की ओर,
बच्चे खेल रहे हैं,
गाय बछड़े को दूध पिला रही है,
मुर्गा बांग दे रहा है
हिरन कुलांचें भर रहा है
हिरनी के साथ,
मोर नाच रहा है
कोयल कूक रही है
आमों में बौर लगे हैं
तुमको, हमको, सबको

सम्हाले हुए हैं जो
वह मुहब्बत ही है।
चाहे कहो उसे धर्म
चाहे कहो अध्यात्म,
चाहे परमात्मा
जो है सर्वत्र–मुफ्त
फिर भी सर्वाधिक मूल्यवान
वह मुहब्बत ही है!!
यह मुहब्बत ही है
जो मुझसे लिखवा रही है
फिर–फिर,
जो मेरी न लिखने की प्रतिज्ञा
को तोड़ रही है
बार–बार !
यह मुहब्बत ही है!
हां, इस मुहब्बत के सामने
मैं नतमस्तक हूं।
इस मुहब्बत के समक्ष
मैं ना कुछ हूं।
यह मुहब्बत
मेरी, तुम्हारी, सब की खुदा है
कहां ढूंढ़ते हो
मंदिरों–मस्जिदों में कटोरा लिए
जो तुम्हारे ही भीतर
छुपा है!!

***